암흑의
위기까지
10년

PwC가 제시하는
4대 글로벌 위기와 전략적 해법

TEN YEARS TO MIDNIGHT

암흑의 위기까지 10년

PwC가 제시하는
4대 글로벌 위기와 전략적 해법

Four urgent global crises and their strategic solutions

블레어 셰파드

수재나 앤필드
세리앤 드루그
앨릭스 젱킨스
토머스 미닛
다리아 자루비나
제프리 로스페더
지음

문홍기
임기호
임상표
신호승
옮김

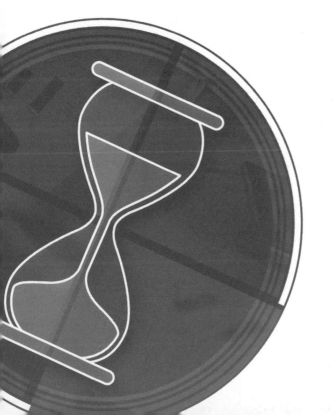

한울
아카데미

차례 ● ● ●

제2부 위기의 극복

이 책의 출간 소식을 접하고 부제가 '4대 글로벌 위기와 전략적 해법'
이라 내용이 다소 무겁지 않을까 생각했다. 그러나 실제로 내용을 접해
보니, 낙관적이고 실용적인 관점에서 문제를 해결하고자 하는 스토리
구성과 전개가 압도적이었다.

우리 사회는 최근 점점 확산되고 있는 글로벌 변동성(volatility), 불확실
성(uncertainty), 복잡/복합성(complexity)과 혁신적인 디지털화(digitali-
zation)로 인해 경제·제도 등 다양한 방면에서 급격한 파괴, 전환 및 생
성 과정이 반복되고 있다. 이 책은 이런 변화 속에 우리 사회, 기업 및 개
인들이 미처 인지하지 못한 채 직면한, 가장 시급히 해결해야 할 문제의
근본 원인을 구체적으로 재조명한다. 또한 사실에 근거한 정보와 데이
터, 다양한 사례를 통해 변화된 새로운 환경에서 우리가 어떤 역할을 수
행해야 하는지 근원적인 해결책을 제시한다.

위기가 있는 곳에 기회가 있고, 기회가 있는 곳에 위험도 있다. 이 둘
은 분리될 수 없고 함께한다는 말이 있다. 공교롭게도 우리는 지난 1년
간 전 세계가 겪고 있는 코로나19 펜데믹으로, 우리가 직면한 위기가 더
욱 가속화되는 현실을 실감했다. 하지만 아직 절망할 필요는 없다고 본

다. 우리는 인류 역사에서 공동의 적이 나타나면 균형을 회복하기 위해 공고히 협력해 왔으며, 지금 그러한 시점에 있다.

일상의 작은 변화를 통해 인류에 기여할 수 있는 사소하지만 건설적인 행동부터 리더들이 주도해야 할 방대한 규모의 재빠른 솔루션을 통해 수천, 수백만 명의 생활을 개선하고 긍정적인 영향을 이끌어내는 것까지, 모든 것이 중요하다. 행동해야 할 사회적 의무를 다하는 데 그 누구도 예외일 수 없다. 모두가 어떤 역할을 할지 고민하고, 이제는 행동에 나설 때다.

필자 역시 미래를 낙관적으로 보고 있음을 알아주길 바란다. 변화하는 세계질서 속에서 우리 사회의 생존과 번영을 책임지고 이끌어갈, 진정한 미래의 리더가 되고자 하는 모든 이들에게 이 책을 적극 추천한다.

우리는 결국 10년 안에 암울한 암흑이 아닌 새벽을 보게 될 것이다.

PwC컨설팅 대표
이기학

책 제목만 보고, 지금으로부터 10년 후의 종말을 예언한다고 오해하지 않기를 바란다. 이 책은 현재 우리 사회가 직면한 위기와 이로 인해 발생하는 사회문제 및 잠재적인 영향에 대해 눈을 뜨게 하고, 위기에 대한 심층적인 이해를 바탕으로 이를 극복하기 위한 해결책을 제시한다. 우리 사회는 새로운 성장의 묘약이 필요하기 때문이다.

PwC 전략 및 리더십 글로벌 리더인 블레어 셰파드 파트너와 그의 팀은 우리가 직면한 위기를 ADAPT[Asymmetry(불균형), Disruption(파괴적 변화), Age(고령화), Polarization(양극화), Trust(신뢰)]로 분류해 정리했다. 당장 행동으로 옮기지 않으면 돌이킬 수 없는 피해가 발생한다는 것과, 최악의 상황까지 10년밖에 남지 않았으며 지금도 시간이 흐르고 있다고 강조한다.

우리가 현재 직면하고 있으며 앞으로 직면할 비관적인 최후의 시나리오들을 인정하고 그 심각성을 강조하며 위협하기보다, 이러한 위기를 짧은 시간에 극복할 수 있는 전략적·구조적·제도적·문화적 그리고 리더십 차원의 해결책을 제공한다. 그뿐 아니라 이러한 문제에 맞설 용기를 보여준 많은 겸손한 영웅들을 언급함으로써, 우리가 이 문제를 해결하는 데 어떠한 역할을 할 수 있는지 되돌아보게 한다.

하루가 다르게 급변하는 경제적·정치적·사회적 추세 속에서 기존의 행동 방식을 재고해야 할 필요성은 그 어느 때보다 절실하고 또 시급해졌다. 우리 모두가 반드시 동참해야만 한다. 모두의 작은 실천이 중요하며, 목적의식을 가지고 행동해야 한다.

이 책을 통해 독자들은 더 많은 지식을 얻고 책임감을 느끼게 될 것이다. 이를 토대로 각자의 위치에서 위기를 극복해 갈 미래의 글로벌 리더이자 이 시대의 진정한 영웅이 되어주기 바란다.

마지막으로 이 책이 출간되기까지 많은 노력을 기울여준 PwC UK의 앨릭스 젱킨스(Alex Jenkins), PwC Korea의 신호승 이사와 진현욱·문예원·최두혁·양희제·김인수·황현정·강영준·성채은 컨설턴트, 한울엠플러스(주) 임직원들께 감사의 말씀을 전하고 싶다.

PwC컨설팅 옮긴이 대표
문홍기

이 책을 집필하기까지 모든 여정을 묵묵히 함께해 준
나의 아내 마사에게 바친다.

새로운 책을 집어 들고 어떻게 읽을지 고민할 때, 나는 네 가지를 확인한다. 첫째, 저자는 누구인가? 믿을 만한 출처인가? 둘째, 대상은 누구인가? 나도 해당되는가? 셋째, 저자의 의도는 무엇인가? 내가 관심을 가질 만한 주제인가? 마지막으로, 이 책을 통해 무엇을 얻을 수 있는가? 내가 즐겁게 읽을 만한 책인가? 나와 같은 생각을 하는 독자들이 몇 명이라도 있으리라 믿으며, 조금이나마 도움이 되고자 이 책에 관해 답해보겠다.

이 책은 두 가지 경험에서 나왔다. 첫 번째는 공동 저자들과 함께 글로벌 사례 연구를 통해 16개국의 구체적 사례를 폭넓게 분석하고 확장해 얻은 결론이다. 책의 저자들뿐만 아니라, 연구를 의뢰한 프라이스워터하우스쿠퍼스(PwC: Price waterhouse Coopers) 동료들도 우리가 이 책에서 중점적으로 다룬 위기의식의 근거를 더 정확히 이해할 수 있었다. 두 번째는 나의 커리어를 통해 빚어진 개인적인 경험의 결과물로, 네 단계로 구분된다. 가장 최근부터 소개하면 나는 PwC 전략 및 리더십 글로벌 총괄로 근무하면서 글로벌 인사이트와 시각을 갖추고, 이 책의 핵심 주제인 '누구나 같은 위기의식을 갖고 있다'는 것을 확인할 수 있었다.

듀크대학교 MBA(Fuqua School of Business) 학장을 지내면서 제도적 변화가 얼마나 어려운 일인지 피부로 느낄 수 있었고, 중국에 듀크대 쿤산(Kunshan) 캠퍼스 설립을 추진하고 초기 협상을 하는 작업에 참여할 수 있었다. 또한 세계 최초의 글로벌 임원 교육 사업인 듀크 코퍼레이트 에듀케이션(Duke Corporate Education)의 창립자 겸 CEO로서 세계화와 기술, 단순한 실행의 중요성 등을 직접 깨닫고, 리더십과 변화에 대한 생각을 더욱 발전시킬 수 있었다. 마지막으로, 대학 교단에서의 생활은 조직과 사회에 대한 철학을 처음으로 체계적으로 정립할 수 있는 시간이었으며, 훗날 나의 커리어 전반에 도움이 되었다.

따라서 이 책은 공동 작품이면서도 상당히 개인적인 노력의 산물이라고 할 수 있다. 책 표지에 여러 저자의 이름이 소개되었으나 책 자체는 1인칭시점으로 쓴 것도 바로 이 때문이다. 나의 개인적 경험과 프레임, 그동안의 아이디어를 가지고 공동 작업을 하여 핵심 메시지를 완성했다. 이렇게 두 가지 관점을 결합했기에 '블레어 셰파드(Blair Sheppard)'라는 나이 지긋한 백인 미국인이 주로 집필한 책이면서도, 인종·나이·종교·개성 등이 매우 다양한 20개국 이상의 연구자들이 함께 참여해 만들어낸 작품이라는 장점이 있다. 동료 저자들과 작업하면서 특히 즐거웠던 부분은 일관된 논조를 유지하면서도, 최대한 균형 잡힌 다각적 견해를 제시하기 위해 끊임없이 도전했던 과정이다. 혹시나 좁은 시야에서 이야기를 풀었다는 생각이 드는 부분이 있다면, 이는 전적으로 나의 부족함이다. 동료 저자들은 최대한 다양한 관점을 담을 수 있도록 해주었다. 이 부분은 집필 과정에서 매우 중요했다. 빠진 부분이 있을지도 모르니 주의하라고 저자가 경고할 수는 없는 노릇 아닌가.

이 책은 마을·도시·국가·세계의 시민인 우리 모두에게 적용되는 문제를 다루고 있기 때문에, 모두를 대상으로 한다고 볼 수 있다. 하지만 모두를 위한 책이라면 내용이 너무 광범위해질 수 있다. 물론 현명한 독자들이라면 이 책을 통해 의미 있는 통찰력을 발견할 수 있을 것이다. 하지만 우리가 주로 의도한 독자층은 위기를 해결할 책임이 있는 사람들이다. 의미 있는 기여를 할 수 있는 조직, 국가, 국제기구, 주, 지방, 도시, 기관 또는 NGO(즉, 국민 생활에 밀접한 관련이 있는 단체)의 리더에 해당한다. 또는 지금까지 어느 정도 위기 발생에 일조했다고 볼 수 있으며 한편으로는 혜택을 입었기에 지금의 위기를 해결하고 새로운 시각을 제시할 수 있는 자원과 경험을 보유한 사람들이다. 그 외 독자들에게는 인류가 직면한 현실을 파악하고, 해결책을 강구하며, 더 중요하게는 리더에 대한 시대적 요구를 고민하는 기회가 될 것이다.

어떻게 보면 나는 이 책의 가장 중요한 목적을 이미 밝혔다. 세계가 직면한 실질적 위기와 그 시급함을 알리고, 해결 방안을 제시하는 것이다. 이러한 집필 의도에 따라 책의 제목을 정하게 되었다. 심각한 위기 상황을 분석하면서 우리는 놀라운 유형을 발견했기 때문이다. 대부분의 사안에 대해 인류가 대응할 수 있는 시간은 10년밖에 남지 않았으며, 이 기회를 놓치면 상황은 더욱 악화될 것이다. 최악의 시나리오가 현실이 되지는 않는다고 해도, 우리가 위기 대응 전략을 수립하고 실행하지 않는다면 훨씬 더 암울한 미래를 맞을 수밖에 없다. 말 그대로 '암흑의 위기'까지 10년'밖에 남지 않은 것이다.

마지막으로, 독자들은 이 책에서 무엇을 기대할 수 있을까? 한 명을 제외하고 모든 저자들은 세계 최대 회계법인 등 최고의 글로벌 전문 분야에 몸담고 있다. 따라서 책에 제시된 모든 주장은 근거에 기반하고 있다. 데이터로 도배하지 않으려고 노력했지만, 확실한 근거 없이는 과감한 주장을 펼칠 수 없다. 아이디어는 철저한 토론을 통해 정교화했으므로, 독자들은 확실한 근거를 바탕으로 관점을 제시하려는 시도를 엿볼 수 있을 것이다. 저자들은 하나같이 마음이 따뜻하고 인간적인 사람들이다. 이 책에서는 위기의 영향과 해결책을 제시하는 스토리가 담긴 부분이 가장 중요하다. 행동으로 옮길 용기와 통찰력 있는 리더들의 역할이 필요하다는 것을 보여준다. 실제 사례, 문제 제기, 근거 자료가 골고루 제시되어 있다. 사례를 좋아하는 독자, 데이터를 좋아하는 독자, 설득력 있는 프레임이나 이론을 원하는 독자 모두 만족할 수 있는 책이기를 바란다.

공동 작품이기는 하지만 이 책은 결국 아주 개인적인 책이다. 언급한 인물이나 지역은 내가 개인적으로 잘 알고 존경하는 사람들, 애정이 담긴 지역이다. 또한 모두가 꼭 기억해 주기를 간절히 바라는 메시지들을 전하고 싶었다. 나는 어린 두 손녀의 할아버지로서, 아이들에게 건강하고 아름다운 세상을 물려주고 싶다. 우리의 위기를 해결하지 않으면 그러한 세상은 오지 않을 것이고, 이는 우리 세대의 큰 오점으로 남을 것이다.

제1부

/

벼랑 끝의 인류

◎ ◎ ◎

인생에는 변곡점이 있다. 그대로 두면 하락세가 가속화되지만, 적절한 조치를 행동으로 옮기면 좋은 성과를 낼 수 있다. 세계는 바로 지금 그러한 변곡점에 있다. 올바른 선택을 하고 대응할 시간이 그리 많지 않다.

아이러니한 것은 지난 수십 년간 세계가 놀라운 성장을 구가할 수 있었던 바로 그 원인 때문에, 우리가 지금 변곡점에 놓여 있다는 것이다. 1950년 이후 적어도 서구의 비(非)소련 지역(이 진영에 속하고 싶어 하는 국가들 포함)에서는 제2차 세계대전의 사상적 잔재에 대한 전반적 합의가 있었다. 세계는 이에 따라 응전하고, 시대적 기회를 활용했다. 하지만 곧 주어진 현실에 안주하고 자기만족에 빠져버렸다. 시간이 지나면서, 전후 인류가 선택한 길의 효용과 결과에 대해 문제를 제기할 의지를 잃었고, 기술 등의 원동력이 세계의 체제를 어떻게 변화시키고 있는지 인식하지 못했다.

이것은 엄청난 실수였다. 퇴보하는 세계질서를 인류가 맹목적으로 따르게 된 것은 중심을 잃었기 때문이다. 글로벌 이슈들은 고도로 복잡하고, 광범위한 영향을 끼치며, 해결이 쉽지 않다. 이미 단순 해결이 가능한 수준을 넘어서고 있다. 실제로 우리는 혁신적인 방법으로 신속하게 이러한 문제를 해결하기는커녕, 문제를 제대로 인식조차 하지 못했다. 그리고 이제는 심각한 위기 수준으로 악화되어, 당장 해결해야 하는 상황이다.

이 책은 이러한 문제를 심도 있게 분석하고, 새로운 해결책을 제시한다. 나는 예상치 못한 곳에서 이와 같은 위기의 징후를 포착했다. 상황이 악화되고 있다는 생각에, 나는 정치·경제·시민사회의 리더들을 만나고, 세계 곳곳의 커피숍·호텔·학교·공항·버스·택시 등에서 시민들을 만나 미래에 대한 생각을 물었다. 모두 한결같이 깊이 걱정하면서, 일관된 우려를 표시했다. 이렇게 반복적으로 확인된 문제점을 우리는 ADAPT라는 약자로 정리해 보았다.

Asymmetry(불균형)	빈부격차 심화와 중산층의 붕괴
Disruption(파괴적 변화)	기술의 확산이 개인, 사회, 기후에 끼치는 영향
Age(고령화)	기업, 사회제도, 경제에 대한 인구통계학적 부담
Polarization(양극화)	민족주의와 포퓰리즘 확대로 인한 글로벌 컨센서스의 붕괴와 세계 분열
Trust(신뢰)	사회를 떠받치는 제도에 대한 신뢰 약화

의외로 시민들은 팬데믹(pandemic)에 대한 두려움을 문제로 언급하지 않았다. ADAPT를 토대로 해결의 실마리를 찾는 과정에서 팬데믹은 두 가지 새로운 문제를 야기한다. 현재의 팬데믹을 어떻게 극복하고, 미

래의 팬데믹에 대비할 것인가, 그리고 방역 조치로 인한 정치·경제적 영향에 어떻게 대응할 것인가 하는 부분이다. 팬데믹은 또 다른 파괴적 변화에 해당하며, 이 책에 언급된 다른 변화들과 마찬가지로 우리는 그 영향에 적응해야 한다. 실제로 팬데믹은 ADAPT의 모든 특징을 내포하며, 오히려 가속할 수 있는 위험이 있다. 국가 간 그리고 국내 양극화가 더욱더 빠른 속도로 진행되고, 삶의 편의를 위해 구축했던 제도를 신뢰할 수 있는지에 대해 더 깊은 의문을 품게 한다.

하지만 구체적 데이터 없이 단순히 시민들의 의견만으로, 우려가 위기로 현실화하고 있다고 결론을 내릴 수는 없었다. 그래서 나는 공동 저자들과 함께 좀 더 자세히 살펴보기 시작했다. 그 결과가 바로 이 책 제1부에 담겨 있다.

우리는 ADAPT가 매우 현실적인 문제라는 것을 알게 되었다. 부의 집중화, 기술의 위험성, 국가 간 고령화 속도의 차이, 사회의 붕괴, 신뢰 상실이 복합적으로 작용해, 네 가지 위기가 발생하고 있다. 빈부격차의 위기, 기술의 위기, 제도적 신뢰의 위기, 리더십의 위기이다. 각각의 위기가 심화할수록, ADAPT의 나머지 요소들을 악화시켜 부정적인 시너지 효과를 유발한다. ADAPT와 관련 위기들이 서로 결합해 치명적인 시스템이 탄생한다.

빈부격차 심화가 지속되도록 너무 오랫동안 내버려 두면, 사람들은 자신의 삶이 절대 나아지지 않으리라 생각하며 쉽게 좌절한다. 사회발전을 위해서는 사람들이 미래에 대한 희망으로 열심히 창조하고, 일하고, 투자하고, 건설해야 한다. 희망을 잃으면, 사회발전을 위한 혁신이 줄어들고 기술의 긍정적 효과도 감소한다. 신흥국에서 젊은 노동인구들의 기회가 제한된다면, 사회적 불안이 야기되고 전 세계로 급속히 확산될 수 있다.

유비쿼터스 기술의 부정적 결과를 해소하거나 문화, 협업 능력, 삶의 질을 개선할 수 있는 기술을 개발할 준비가 되어 있지 않다면, 사회는 자기 보호적 개인주의 때문에 크고 작은 집단으로 분열될 것이며, 다시 되돌리기 어려워진다. 정치 지도자들은 소수의 유권자가 아닌 다수의 삶을 위한 포용적인 배려의 정치를 펴지 않고, 분열된 사회를 이용해 불관용의 당파심을 조장한다. 이러한 환경에서 사회의 원활한 기능에 필수적인데도, 사회제도는 방치되거나 심지어는 의도적으로 약화되어 의미를 잃고 정치적인 담보로 사용될 뿐이다. 이런 식으로 분열이 계속되어 인류의 미래, 사회, 리더, 사회제도에 대한 믿음이 사라진다면, 우리 앞에 드리운 어둠을 걷어낼 근본적인 변화는 절대 일어나지 않을 것이다.

어떻게 이 변곡점에 도달하게 되었는지 (그리고 어떤 조치가 필요한지) 구체적으로 알아보기 위해, 한 가지 변화 모델을 소개하고자 한다. 그동안의 교육자, 리더, 자문으로서의 경력을 바탕으로 내가 수립해 본 것이다(〈그림 I-1〉). 전략, 구조, 문화, 리더십 네 가지 요소가 균형을 이루면 조직, 제도, 심지어 사회까지도 변화시킬 수 있다.

제2차 세계대전 후 세계 각국의 경제가 붕괴되자 재건의 필요성이 대두되었다. 미국이 지원한 마셜 플랜(Marshall Plan)에 의해 구소련권 외 유럽 국가들은 심각한 경제난을 극복할 수 있었다. 이러한 재건 모델을 바탕으로 최초의 글로벌 경제 체계가 탄생했는데, 다음과 같이 구성되어 있다.

전략(Strategy): 시장경제 상호 연계와 세계화를 추진한다. 국가의 GDP(국내총생산), 기업의 주주 가치와 같은 성공 지표를 사용한다.

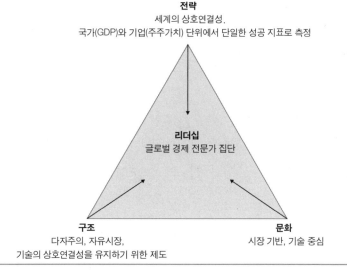

그림 I-1 제2차 세계대전 이후 70년 동안 성공을 견인한 글로벌 체제

전략
세계의 상호연결성.
국가(GDP)와 기업(주주가치) 단위에서 단일한 성공 지표로 측정

리더십
글로벌 경제 전문가 집단

구조
다자주의, 자유시장,
기술의 상호연결성을 유지하기 위한 제도

문화
시장 기반, 기술 중심

자료: 저자 작성.

구조(Structure): 변화 모델의 원칙과 더불어 GDP 및 기업의 주주 가치 증대를 지원할 기관을 설립한다. 자유시장, 다자주의, 기술적 상호연결성의 원칙을 강조한다.

문화(Culture): 시장의 성공을 매우 구체적인 지표로 정의하고, 성공을 극대화하기 위해 노력한다. 효율 및 효과를 높이기 위한 차세대 기술혁신을 위해 지속적으로 노력한다.

리더십(Leadership): 글로벌 경제 전문가 집단을 양성한다. 리더의 핵심성과지표(KPI)로 GDP와 주주 가치를 강조하며 영향력을 전 세계로 확대한다.[1]

1986~1992년은 이러한 글로벌 네트워크 모델이 급속도로 성장하는

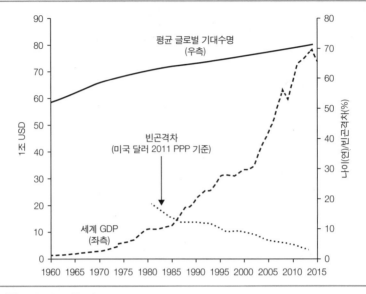

그림 I-2 1960년 이후 경제 및 사회 발전 양상

자료: databank.worldbank.org

분수령이 된 시기였다. 1986년 런던에서는 각종 규제가 철폐되면서, 곳곳에서 자본시장이 대대적으로 개방되었다. 2년 뒤, 인터넷망(World Wide Web)이 구축됨에 따라 자유로운 전자 통신 및 정보의 장이 열리면서 전례 없는 세계적인 소통과 혁신이 가능해졌다. 1989년 베를린 장벽이 무너지면서, 철의 장막 뒤에 있던 수많은 신생국이 나름의 시장경제를 발전시켜 세계 무대에 진출했다. 그로부터 3년 뒤, 덩샤오핑(鄧小平)은 남순강화(Southern Tour)를 통해 시장 기반 개혁과 세계무역을 경제 원칙으로 도입하는 계획을 밝혔고, 세계 최대 인구 대국인 중국에서 사상 최고의 성장을 이루었다.

2007년까지만 해도, 이 모델은 적어도 겉으로 보기에는 효과가 있는 듯 보였다(〈그림 I-2〉). 세계 GDP는 놀라운 속도로 증가해 수십억 명의 사람들이 빈곤에서 벗어났고 전 세계적으로 막대한 부가 창출되었으며 전반적인 건강과 복지수준이 높아졌다. 1980년대 후반 이후 20년간 세계 인구의 절반 이상이 세계경제에 유입되면서, 제품과 서비스를 판매한 선진국뿐만 아니라 개도국 경제도 활성화되었다.

그러나 2008년 금융위기와 이후의 세계 불황으로 성공의 어두운 이면이 드러났다. 전후 경제 및 사회 발전을 둘러싼 행복감에 가려졌던 부분이었다. 다수의 사람은 더 이상 세계경제 질서의 혜택을 누리지 못한 반면 특권층은 여전히 혜택을 누렸다. 경제 위기로 인해 그러한 격차에 따른 문제점들이 본격적으로 수면 위로 떠올랐다. 주식, 주택, 자본시장 붕괴로 취약계층이 늘어나면서, 더 이상 이들을 못 본 척할 수만은 없는 상황이 되었다. 2007년 이후 ADAPT 문제와 시민들의 우려가 구체화되기 시작했다. ADAPT를 좀 더 구체적으로 설명하면 다음과 같다.

불균형(Asymmetry): 세계화의 한 가지 장점은 노동참여율의 정상화였다. 신흥국 국민들과 선진국 자본가들에게는 좋은 소식이었다. 반면, 제조업의 성장을 통해 상당한 급여와 복지를 누리던 프랑스·영국·미국 등에서는 세계화로 인해 일자리를 잃거나 임금이 동결되었다. 개인과 지역 차원에서 세계화는 불균형의 핵심 원인이었다.

파괴적 변화(Disruption): 기술혁신이 더욱 가속화되면서 여러 면에서 파괴적 변화가 일어났다. 인터넷은 경제적 교류와 정보 전달을 위한 글로벌 플랫폼을 만드는 데 일조했으며, 새로운 비즈니스를 창출하고 효율성을 획기적으로 개선했다. 반면, 세계화로 이미 타격을 입은 취약계층이 주로 종사하던 전통산업은 파괴적 변화에 노출되었다. 기술의 진보로

삶은 편리해졌지만, 기후변화는 가속화되었고 인간의 생존마저 위협하
게 되었다.

고령화(Age): 인구구조의 변화(고령 또는 저령)는 ADAPT에 내재된 문제점을
악화한다. 주요 산업 및 서비스 부문에서 직무 요건이 대대적으로 변화한
것은 그중 하나에 불과하다.

양극화(Polarization): 기업의 주주 가치와 국가의 GDP와 같은 단순한 수치
는 실적 평가, 투자 결정에 용이한 툴이었다. 그러나 사회적 복지를 고려
하지 않고 경제적 성과에만 초점이 맞춰져 있어, 인간의 권리 박탈이라는
매우 실질적인 문제를 간과하게 되었다. 양극화는 확대되었고, 기술 발전
의 의도치 않은 결과 때문에 더욱 심화되었다.

신뢰(Trust): 사람들이 점차 현실에 눈을 뜨고 미래에 대한 낙관주의가 퇴색
되면서, 집중적으로 피해를 본 사람들에게 사회적 제도(세제, 대학, 경찰,
군, 정부 기관 등을 폭넓게 포함)는 위로나 안정을 제공하는 역할을 제대로
해내지 못했다. 그 결과 사회제도와 리더에 대한 신뢰 상실이라는 위기가
발생하게 되었다.

이러한 위기에 대응할 시간이 10년밖에 남지 않았다는 사실은 많은
생각을 하게 한다. 2030년이면 수십억 명의 아프리카 어린이들이 노동
연령에 도달한다. 노란 조끼 시위(Gilets Jaunes), 홍콩 민주화 시위 등의
사례는 앞으로 대규모 시위와 국제적인 분열 발생을 예고하고 있다. 향
후 10년간 기후변화를 줄이기 위한 노력이 없다면, 돌이킬 수 없는 결과
를 초래할 수 있다. 10년 후에는 은퇴자가 크게 늘어나면서 정부예산에
부담을 줄 것이다. 제도적 실패 또한 10년 후면 한계점에 도달할 것이
다. 2030년이 되면 기술 플랫폼으로 인해 제조업과 서비스 산업 환경이

재편될 가능성이 있다. 그런 가운데 시간은 계속 흐르고 있다.

위기 해결을 위한 준비 기간이 10년 남았다는 뜻이 아니다. 10년 이 내에 해결이 완료되어야 한다. 그리 간단한 일은 아닐 것이다. 70년 동 안 당연하게 받아들였던 원칙들을 완전히 다시 점검해야 한다. 정치, 경 제에 대한 관점을 바꾸고, 한때는 효과적이었던 사회제도들을 재정비하 고, 기술과 플랫폼의 장점은 강화하고 부작용은 최소화하며, 분열된 세 상을 봉합할 방법을 찾아야 한다. 10년은커녕, 지금껏 수백 년이 지나도 해결되지 못했던 문제들을 말이다.

제2부에서는 위기를 해결하기 위한 몇 가지 안을 제시하고 있다. 세 계의 모든 문제를 해결하기 위해서는 더 많은 인력과 아이디어가 필요 하기에, 우리의 해결책은 완전하다고 볼 수는 없다. 하지만 그 출발점이 라는 것에 의미가 있다. 이 해결책들은 개별적으로 작동하는 것이 아니 라, 통합적으로 하나의 시스템으로 작동한다. 각각의 위기를 해결하지 않으면, 전체적인 해결이 불가능하다. 물론 개인이나 조직별로 각자의 상황에 더 맞는 해결책에 집중할 수도 있다. 우리는 세계시민으로서 이 모든 위기가 서로 연계된 하나임을 기억할 필요가 있다.

결국 우리가 수십 년 동안 추구해 온 세계, 국가, 지역, 도시, 조직의 성장 패러다임을 새로운 관점에서 바라볼 것을 제안한다. 지난 70년간 의 패러다임 중 여전히 주효한 것들은 당연히 그대로 유지해야 한다. 하 지만 현시점에서 부작용만 야기하는 전략은 배제해야 한다. 오늘날의 현실에 맞게 사고방식, 제도, 행동 양식을 재구성할 필요가 있다.

인류가 직면한 문제와 관련 위기에 대해 고민하면서, 독자들이 세 가 지를 염두에 두었으면 한다. 첫째, 이러한 위기는 그 형태는 다르지만 많은 이들이 공통적으로 느끼고 있으며, 사회 곳곳에 퍼져 있어 모든 지역사회의 구성원들에게 영향을 미치고 있다. 따라서 이를 해결하기 위해서는 다양한 리더와 시민의 참여가 요구된다. 특정 지역, 특정 문제에만 집중하는 것은 도움이 되지 않는다. 근본 원인이 아니기 때문이다.

둘째, 공감대와 협력이라는 비전을 향해 세계를 재편하는 것은 시간이 걸릴 것이다. 그러한 비전은 지금 이 순간에도 계속 진화하고 있기 때문이다. 그럼에도 여전히 대대적으로 신속한 조치가 필요한 경우도 있다. 새로운 이념과 국제관계의 등장을 기다리고 있을 수만은 없다. 흔히 사용하는 비유를 들자면, 비행기를 타고 가면서 비행기를 다시 만들어내야 하는 상황이기 때문이다. 가장 시급한 현안을 즉각적으로 해결하면서도, 마찬가지로 중요한 장기적 현안에 대한 해결책도 신속하게 수립해야 한다. 필수적인 사회제도의 수립 및 활성화, 공동의 문화적·사회적 유대관계 구축, 사회적 가치를 위한 혁신, 창의적이고 개방적 사고를 갖춘 리더에 대한 지원 등이다.

이는 세 번째 부분과도 연결된다. 현재의 글로벌 위기를 해결하기 위해서는 패러독스처럼 보이는 원칙들을 전략적으로 활용해야 한다. 본질적으로 서로 상충되어 보이는 것들을 실행하는 것이다. 이에 관해서는 두 가지 사례를 공유할 예정이다. 제2부는 지역 경제와 정치에 더 중점을 두어야 한다는 내용을 담고 있다. 글로벌 이슈는 너무 방대하고 서로 얽혀 있어서 지역적 노력만으로는 해결하기 어렵다. 그렇다고 해서 각 지역 프로그램이 갖는 상호의존적 특성을 간과해서도 안 될 것이다.

마찬가지로 기술개발을 통해 문제를 방지하고 인류 사회를 발전시키고자 한다면, 학교와 교육 기관은 기술적 역량뿐만 아니라 인간 본성에 대한 이해, 인간의 삶에 대한 시스템의 기여와 영향을 이해시키는 곳이 되어야 한다. 전반적으로 현재의 교육은 이와 거리가 멀다. 사회학, 정치학, 심리학을 연계한 공학 수업이 얼마나 되는가? 컴퓨터 과학과 엔지니어링 지식을 갖춘 인문계 학생들이 얼마나 되는가?

　이러한 원칙을 가지고 본격적인 논의를 시작해 보자. 인류의 문제와 위기에 대해 알게 될수록 더 많은 실행 방안들이 떠오르기를 기대한다. 여러분들이 이미 생각해 두었던 방법들을 더욱 가속화하고, 추진력을 제공하며, 강화하는 데 도움이 되기를 바란다.

제1장

암울한 현실

이 책을 쓰기로 마음먹은 것은 2016년 한 사람과의 대화를 통해서였다. 그 이후 세계 각 계층의 사람들과 수백 차례의 의견 공유로 확장되었다. 그는 PwC 인터내셔널 네트워크(PwC International Network)의 밥 모리츠(Bob Moritz) 회장이다. 불과 1년 반 전, 나는 PwC 전략 및 리더십 담당 글로벌 총괄로서 네트워크 전략 개발을 이끌며, 회사의 차별화 전략, 필요 역량, 주력 시장 등을 주로 기획했다. 도시화, 서양에서 동양으로의 경제력 이동, 자원부족 등 향후 글로벌한 영향을 끼칠 수 있는 트렌드에 대한 것이었다.

모리츠 회장과 만났던 당시, 우리는 각자 4개 대륙으로 출장을 갔다가 막 돌아왔을 무렵이었는데, 둘 다 마음이 심란한 상태였다. 세상은 점점 험악해지고, 사람들은 그 어느 때보다도 예민하고 불안에 떨고 있었다. 2015년에 예상했던 것보다 세상은 더 어두워졌다. 모리츠 회장은 내게 근본적인 질문을 던졌다. "사람들이 정말 걱정하는 것은 무엇이며,

이는 회사의 비즈니스 전략에 어떤 영향을 미치는가?" 이 질문에 대한 답을 찾기 위해 나는 그 후 2년간 정부, 기업, 시민사회 리더뿐만 아니라, 자기 자신과 자녀 세대를 위해 더 나은 삶을 만들어보고자 애쓰는 일반 시민들과 수많은 대화를 나눴다.

커피숍부터 임원 회의실까지 장소를 가리지 않고, 사람들이 자신의 삶과 미래에 대해 어떤 생각을 하는지 조사했다. 놀랍게도 사람들은 국가, 사회계층을 막론하고, 심각한 우려를 안고 있었다. 내가 들은 내용들은 대부분 매우 인상적인 것이었고, 충격적인 내용도 있었다. 불안하고 비관적인 내용들이 내가 예상했던 것 이상으로 많았다.

한 번은 아미트 찬드라(Amit Chandra) 베인캐피털인도(Bain Capital in India) 회장과 인도 개발에 대해 이야기를 나누고 있었다. 장시간에 걸친 토론 중에 찬드라 회장이 "인도에서는 혁명이 일어날 위험이 있다"라고 말하는 것을 듣고 나는 충격을 받았다. 과격함과 거리가 먼 사람이 '혁명'이라는 의미심장한 단어를 사용했기 때문이다. 그는 글로벌 자본주의의 아이콘이 될 만한 사모펀드를 운영하고 있었으며, 성격 자체가 매우 신중한 사람이기도 하다. 찬드라 회장은 사회·보건·교육 부문의 역량 강화뿐만 아니라, 농촌 개발을 위한 비영리기관에 자기 재산의 90%까지 기부할 계획인 자선사업가이기도 하다.[1] 그런데도 그는 세계 최대 민주주의의 중심에서 새로운 바람이 불고 있다는 것을 느끼고 있었다.

인도에서는 엄청난 부와 처절한 빈곤격차가 점점 극명하게 드러나고 있으며, 심지어 한 동네에서 극심한 빈부격차가 공존하는 것을 심심치 않게 볼 수 있다. 뭄바이 최대 빈민가 옆에 고급 주택들이 자리 잡고 있다. 찬드라 회장이 혁명의 조짐을 느낀 것은 바로 이 때문이었다. 인도의 일부 지역만 빠르게 발전하면서 양극화가 심해지고 있다. 예를 들어,

도시에는 기술 단지가 들어서 차세대 기술 리더를 양성하고 디지털 사업을 추진하고 있는데, 이러한 개발 지역에 경제적 부와 국가적 영향력이 과도하게 집중되고 있다. 반면, 교육 수준이 낮은 저소득 농민들의 여건과 사회이동 가능성은 점점 악화되고 있다. 영세 농민들이 의존하는 관개용 댐이 40%밖에 가동되지 않는 곳도 있다.

2016년 5월 영국에서 브렉시트 국민투표를 실시하기 일주일 전에도 나는 비슷한 이야기를 들었다. 사람들은 삶의 질 악화로 무력감을 느끼고 있었다. 맨체스터에서 리버풀로 가는 택시 안에서 만난 택시 기사는 리버풀 출신이었는데 투표 결과를 매우 걱정하고 있었다. 그는 이번 투표가 인생에서 가장 중요한 투표라고 생각하고 있었다. 그는 탈퇴에 찬성하는 쪽이었다. 영국이 EU 회원국으로 있으면 자신이 생판 모르고 전혀 영향을 줄 수 없으며, 자신에 대해 아무런 책무감도 느끼지 못하는 사람들에 의해 자신의 삶이 결정되기 때문이다. 그뿐만이 아니다. 택시 기사의 친구 두 명은 EU에서 정한 어획량 제한 때문에 조업을 포기했다. 동네에 강력범죄가 늘고, 좋아하는 술집과 식당이 문을 닫았으며, 지방에서 좋은 일자리를 찾기가 점점 어려워졌다. 리버풀은 알아볼 수 없을 만큼 변했고, 예전의 생활 방식을 유지하기 힘들어졌다. 그는 이 모든 것이 브뤼셀의 EU 본부 때문이라고 원망하고 있었다. "대표성이 없는 곳에서 과세하고 통제하는 것이다. 미국에서도 이 문제로 전쟁이 시작되지 않았나?"

EU 탈퇴로 예상되는 경제적 영향에 대해 알고 있는지 묻자, 그는 "우리는 제2차 세계대전도 이겨냈는데, 그때보다 심각하겠는가?"라고 되물었다. 세계대전, 혁명. 과감한 단어 선택은 충격적이었다. 어느 곳에서나 마찬가지였다.

마드리드대학교 맞은편 커피숍에 들렀을 때, 주변의 학생들이 소란하게 무엇인가에 대해 열띤 토론을 하고 있었다. 수많은 논쟁거리 중에서 그들의 주제는 다름 아닌 제3차 세계대전이었다. 나는 학생들에게 토론에 참여해도 되는지 물었다. 다음 세계 전쟁이 어떻게 시작될지보다는, 그들이 왜 이 주제에 빠지게 되었는지 궁금해서라고 덧붙였다.

그 부분에 대해서도 학생들은 마찬가지로 열띤 논쟁을 벌였다. 그들의 말을 빌리자면, 그 이유는 주로 다음과 같다. 청년 세대는 졸업 후 취직할 확률이 0에 가깝다(스페인 청년 실업률이 50%에 달한다). EU의 유로 차익거래로 인해 스페인은 독일·프랑스 등 북부 국가들의 손에 목숨이 달린 신세가 되어, 국민들의 경제 및 생활 수준을 안정시킬 수 있을 만큼 투자할 여력이 없다. 스페인은 기술 발전에 뒤처져 글로벌 경쟁력이 약화되고 있다. 또한 급속한 고령화에 따라 젊은 세대가 은퇴한 노인들을 부양해야 하는데, 이에 대한 뚜렷한 대책이 보이지 않는다. 마지막으로, 학생들은 정부 또는 기타 조직 리더들의 위기 해결 능력을 불신하고 있었다.

한 학생이 말했다. "그러니 모든 것을 갈아엎고 처음부터 다시 시작하는 것 외에 대안이 없다."

수백 명과의 대화가 모두 그 정도로 비관적이지는 않았지만, 대부분의 사람들은 위협적인 사회 트렌드에 대해 마찬가지로 우려하며 미래에 대해 불투명하게 전망했다. 다양한 해외 특파원들과도 많은 대화를 나눴는데, 각자 독특한 시각을 가지고 있었다. 특히 인상적인 것은 무엇이 가장 걱정되느냐는 질문에 다양한 얘기가 나왔지만(심각한 얘기도 있었고, 그보다 더 심한 것도 있었다), 핵심만 정리해 보면 모두 같은 얘기를 하고 있었다는 점이다. 서로 언어와 억양은 달랐지만, 궁극적으로 그들은 언어의 장벽을 초월해 동일한 문제를 지적하고 있었다.

결국, 개인의 문제는 세계시민인 우리 모두의 문제다. 글로벌 문제는 곧 지역의 문제이며, 북미, 남미, 유럽, 아시아, 아프리카 할 것 없이 모두의 문제다. 그동안 나눈 수많은 대화를 상세히 분석해 보니, 현재 인류가 겪고 있는 문제는 (그리고 우리가 원하는 미래와 다음 세대의 미래를 위해 집중해야 할 부분은) ADAPT에 따라 분류할 수 있음을 알게 되었다.

불균형(Asymmetry)	빈부격차 심화와 중산층의 붕괴
파괴적 변화(Disruption)	기술의 확산이 개인, 사회, 기후에 끼치는 영향
고령화(Age)	기업, 사회제도, 경제에 대한 인구통계학적 부담
양극화(Polarization)	민족주의와 포퓰리즘의 확산으로 인한 글로벌 컨센서스의 붕괴와 세계 분열
신뢰(Trust)	사회를 떠받치는 제도에 대한 신뢰 약화

그 자체도 설득력이 있긴 했지만, 나는 수천 명의 회계사와 매일 함께 일했던 전직 학자로서, 아무리 결과가 일관성이 있고 표본크기가 크다고 하더라도 비공식적인 인터뷰만으로 글로벌 이슈의 본질을 밝혔다고 주장하기에는 부족하다고 느꼈다. 그래서 나는 공동 저자들과 함께 가정을 검증해 보기로 했다. ADAPT는 우리가 정말 걱정해야 할 부분일까? 사람들의 불안감을 데이터로도 확인할 수 있을까? 우리는 전 세계 PwC 오피스(호주, 브라질, 캐나다, 중국, 독일, 헝가리, 인도, 이탈리아, 일본, 멕시코, 중동, 러시아, 스페인, 남아공, 영국, 미국) 동료들과 함께 ADAPT가 국가별로 얼마나, 어떤 형태로 나타나고 있는지를 조사했다. 그 결과를

간략하게 소개해 보겠다.[2]

불균형

근대 역사상 처음으로, 부모 세대는 자녀들이 자신들보다 가난할 것
이라고 예상하고 있다. 주된 원인은 불평등 심화이다. 〈그림 1-1〉과 같
이 전 세계 성인 인구의 1% 미만이 전 세계 부의 45% 이상을 차지하고
있고, 억만장자의 수는 2008~2018년 사이 1125명에서 2754명으로 두
배 이상 증가했다.[3] 더군다나 OECD 회원국에서는 1988년 이후 중산층
(순소득이 중앙값의 0.75~2배인 가구) 규모가 꾸준히 감소하고 있다. 스스
로 중산층이라고 생각하는 인구 비율도 크게 감소했다. 미국과 캐나다

그림 1-1 세계 부 피라미드(2019)

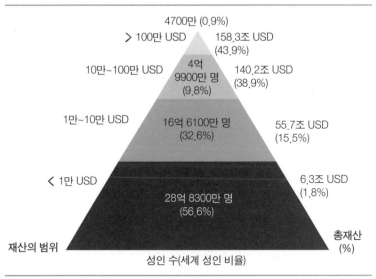

자료: James Davies, Rodrigo Lluberas, and Anthony Shorrocks, *Credit Suisse global wealth databook 2019*.

의 경우, 2008년 이후 인구의 3분의 2에서 2분의 1로 감소했다.[4]

빈곤 탈출과 빈부격차 심화의 공통적 원인은 일자리가 고임금 국가에서 저임금 국가로 이동하고 있기 때문이다. 이는 세계화의 핵심 요소이기도 하다. 그 과정에서 수십억 명이 빈곤에서 벗어났다는 점을 놓고 보면 비판의 소지가 없어 보인다. 가장 경제적으로 넉넉한 국가에서 가장 궁핍한 국가로 부가 재분배된 것뿐이다.

문제는 부를 창출한 국가 내에서도, 분배받은 국가 내에서도 지역별 격차가 나타났다는 점이다. 예를 들어, 일자리를 해외로 이전한 선진국들의 GDP 증가 분포를 살펴보자. 1999~2015년 사이 선진국 내 주주 가치는 약 18% 증가한 반면, 실질임금 증가율은 약 8%에 불과했다.[5] 즉, 기업 소유주가 급여 노동자보다 훨씬 더 많은 수익을 얻었다는 뜻이다. 수혜국의 예로 인도를 들 수 있다. 1990년부터 현재까지 인도의 전체 GDP는 약 5000억 달러에서 3조 달러로 증가했지만, 소득 상위 3대 주(州)와 하위 3대 주의 중위소득 차이는 1990년 50% 수준에서 오늘날 300% 이상으로 대폭 증가했다. 소득 하위 주(州)들은 극심한 빈곤을 겪고 있으며, 많은 주민들이 최저 수준 이하로 생활하고 있다.

경제적 불균형을 측정하는 좋은 방법은 부 창출의 주요 수단인 투자, 주택 소유, 부의 재분배를 살펴보는 것이다.

투자: 지난 몇 년 사이 부의 불균형이 심화되면서 점점 더 많은 고액 투자자들이 공적 자본시장에서 사모펀드 시장으로 자산을 옮기고 있다. 일반적으로 수익률은 더 높지만 전문 투자자에게만 개방되어 있다. 미국에서 전문 투자자가 되기 위해서는, 연간 소득이 최소 20만 달러이거나 부동산 제외 순자산이 100만 달러여야 한다. 심지어 선진국에서는 전반적으로 상장기

그림 1-2 미국 국내 상장기업 vs. 사모펀드 보유 기업 비교(2000~2016)

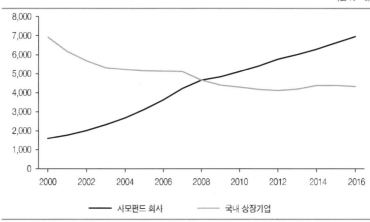

자료: World Bank, World Federation of Exchanges Database; Pitchbook.

업의 수가 줄어들고 있고(〈그림 1-2〉), 개인투자자 비중도 줄어들고 있다. 후자의 경우 많은 사람들이 노후 준비를 확정기여형 연금에 의존하고 있기 때문에 더욱 우려되는 부분이다.

주택 소유: 상당수 선진국에서 집값이 상승하면서 현재 40세 미만 중 상당수가 평생 집을 사기 어려울 것으로 보인다. 중산층이 부를 축적할 수 있는 주요 수단 중 하나가 사라진다는 의미다. 호주에서는 25~34세 성인의 주택소유율이 1995년~2014년 사이 52.2%에서 38.6%로 감소한 반면, 65세 이상 성인의 주택소유율은 일정 수준을 유지했다.[6]

소득 재분배: 빈부격차 심화에 따른 또 다른 문제는 정부의 세수 확보가 원활하지 않아, 취약계층에 대한 복지 서비스 제공이 어려워진다는 것이다. 고액 자산가들은 자산 일부만 소득화하며(소득세), 자산 규모 대비 소비액 비율이 일반인보다 훨씬 낮고(소비세), 개인 또는 법인 소유의 부동산을

여러 지역에 분산해 보유하고 있다(재산세). 또한 다양한 기법을 통해 세율이 낮은 국가 또는 주(州)로 훨씬 손쉽게 자금을 옮길 수 있다.

파괴적 변화

경제적 불균형과 마찬가지로 기술 발달에 따른 파괴적 변화도 긍정적인 측면이 있다. 기술 발전 덕분에 의학, 재료공학, 나노기술, 컴퓨팅 분야의 혁신이 가능했으며, 그 덕분에 삶의 질이 개선되고 평균수명이 늘어났으며, 누구나 정보에 접근할 수 있게 되었고, 다양한 방법으로 교육을 받을 수 있으며, 세계가 하나로 연결될 수 있었다. 하지만 기술의 파괴적 혁신에 따른 부작용과 문제점이 점점 눈에 띄게 나타나고 있다. 아무런 조치를 취하지 않는다면, 단점이 장점보다 커질 수 있다.

기술의 파괴적 변화로 인한 가장 명백한 문제는 인공지능(이하 AI), 로봇, 가상현실(이하 VR) 등에 따른 일자리 감소다. 당장 눈에 띄지는 않으나 그보다 더 큰 위협이 될 수 있는 문제도 있다. 산업혁명 이후 기술 발전으로 말미암은 기후변화다. 이 부분은 다음 장에서 더 자세히 다루기로 한다.

변화의 요인들이 동시다발적으로 발생하면서, 지금까지 사회의 기반이자 공동체 신뢰의 핵심이 되어왔던 많은 제도가 흔들리고 있다. 교육제도, 정부, 공공서비스, 유틸리티 산업, 언론 등은 보통 장기적으로 존속하며 국민들의 신뢰를 얻어왔다. 고객, 개인, 가정, 지역, 국가에 안정적으로 기여하기 위해, 점진적으로 변화하도록 설계되었기 때문이다. 그러나 기술 발전 때문에 파격적인 변화에 노출되면서 사회제도의 안정성이 점점 단점으로 인식되었고, 현대사회에서 그 효용과 의미가 미미한 것으로 간주되고 있다.

언론사가 좋은 예이다. 1990년대 후반이 되기 전까지 뉴스의 사업 모델은 간단했다. 소비자는 신문, 잡지, 텔레비전 채널을 구독하고, 언론 사주는 광고를 통해 추가 수익을 올렸다. 이러한 안정적인 수익모델이 존재했기에, 언론사는 전문 기자를 통해 '좋은 보도'에 대한 명확한 지침대로 기사를 작성할 수 있었다. 안정성 덕분에 언론사는 신뢰를 얻을 수 있었다. 기사 또는 뉴스 보도를 작성·출판·기획·배포하기까지 시간이 소요되기 때문에, 오보나 가짜 뉴스를 걸러낼 수 있었다.

인터넷은 이 모든 것을 바꿔버렸다. 효율적 타기팅 광고를 통해 반응을 추적할 수 있으며 24시간 소비자에 접근할 수 있다는 장점 때문에 마케팅 예산은 페이스북, 트위터, 텐센트 등 플랫폼 기업으로 이동했다. 결국 독자들을 따라 이동한 것이다. 현재 미국인의 절반 이상이 품질을 신뢰하기 어려운 SNS 등 온라인 매체를 통해 소식을 접하고 있다.[7] 즉, 뉴스 소비자들은 이목을 끄는 콘텐츠를 좇고 있다는 것이다. 정확도는 떨어지나 사람들이 듣고 싶어 하는 이야기, 즉 부정적인 이야기 말이다.

결과 독자는 더 양극화되고, 언론의 진실성에 대한 불신이 팽배해졌다. 가짜 뉴스를 진짜와 구분할 수 있는 합의된 방법이 없다. 사실 페이스북은 역사상 가장 영향력 있는 정보 확산 플랫폼임에도, 심지어 거짓과 진실의 표현상 차이는 더 이상 존재하지 않는다고 언급했다. 비난에도 페이스북은 엄연히 거짓인 정치 광고가 아무 제한 없이 사실적 광고와 함께 게시될 수 있도록 하는 정책을 적극적으로 펼치고 있다.[8]

신뢰, (더 정확하게는) 신뢰의 극단적 결핍

사회제도에 대한 불신은 세계적인 현상이다. 거의 모든 지역에서 정부, 기업, 언론, 대학, 종교 단체는 국민들의 신뢰를 잃었다. 주된 이유는 부정행위 때문이다. 금융위기, 기관의 정보 유출, 정치 부패, 경찰의 차별과 폭력, 기업 임원들과 유명 인사들의 추악한 행실에 대한 폭로 등이 모두 원인이 되고 있다.

2001년부터 기관의 신뢰성을 측정하는 에델먼 신뢰도 지표(Edelman Trust Barometer)를 보면 그 심각성을 더 잘 알 수 있다. 2020년 설문 대상 26개국 중 12개국의 신뢰도 점수가 50점이 채 되지 않았다. 국민 대다수가 주요 사회 기관을 신뢰하지 않는다는 의미이다. 롭 레(Rob Regh) 에델먼 북미 대외협력 의장에 따르면, "미국에서만 해도, 2018년 정부, 기업, 언론, NGO에 대한 신뢰도가 최근 18년 중 최저치를 기록…… 역대 가장 급격한 수준으로 하락"했다. 미국의 신뢰도 지수는 2019년 올랐다가 2020년 다시 하락했다. 2020년에는 개선된 부분도 있었으나, 여론 주도층과 일반 대중 간 신뢰도 차이가 14점(65점 vs. 51점)이었고, 그중 8개국에서 신뢰 불평등이 최고치를 기록했다(〈그림 1-3〉).

중국과 인도는 예외였다. 응답자의 3분의 2 이상이 모든 부문의 기관을 신뢰할 수 있다고 답했으며, 경제 여건이 개선되고 있는 지역에서는 기관이 국민을 위해 일한다고 신뢰했다. 그러나 최근 2년 사이 인도와 중국의 신뢰도 지수는 하락했을 가능성이 높다. 경제성장이 둔화되면서, 지역사회의 기본적인 삶의 질을 유지하는 정부의 능력과 사회안전망이 시험대에 올랐고, 홍콩과 카슈미르를 중심으로 정치적 혼란이 발생하고 있기 때문이다.

사회제도에 대한 세계적 불신으로 인해, 사람들은 자신의 미래와 사

그림 1-3 신뢰도 지표: 기관별 평균 신뢰도(정부, 기업, NGO, 미디어)

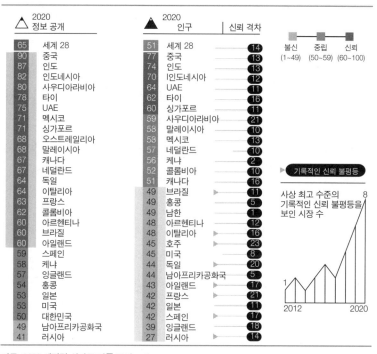

자료: 2020 에덜먼 신뢰도 지표 조사, p.6.

회 지도층을 회의적 시각으로 본다. 예를 들어 2019년 프랑스 노란 조끼 (gillet jaunes) 시위 당시에는 어떠한 해결책도 효과가 없다고 여겨졌다. 정부 기관 자체에 대한 불신이 근본 문제였기 때문이다. 신뢰할 수 있는 기관, 즉 신뢰받을 자격이 있을 뿐만 아니라 신뢰를 잃지 않도록 지속적으로 발전하는 기관 없이는 시민사회가 제 기능을 할 수 없다.

양극화

앞서 언급한 경제적 불균형, 기술로 인한 파괴적 변화, 사회제도에 대한 불신이라는 세 가지 문제는 종합적으로 작용해 양극화라는 네 번째 문제를 야기한다. 여기서 말하는 양극화는 가짜 또는 진짜 포퓰리즘의 유혹, 그에 따른 사회 및 국가의 분열을 포함한다. 그들은 "세상이 예전으로 돌아갔으면 좋겠다. 그때는 지금보다 희망적이었다"라고 말한다. 자신과 비슷하게 생각하는 사람 주변으로 모여들면서, 권력층이 불안감을 부추기고 불확실성을 키운다고 비난한다. 그들이 비이성적이기 때문이 아니라, 미래에 대해 비관적인 사람이라면 보일 만한 반응이다. 포퓰리즘과 민족주의(가짜 포퓰리즘의 부산물)가 싹틀 수 있는 완벽한 환경이 만들어진다.[9]

민족주의가 모든 대륙으로 확산되면서, 그 위험이 더욱 분명하게 드러나고 있다. 예를 들어 포퓰리즘 정치인들은 이민자를 겨냥해 그들이 일자리를 뺏고, 범죄를 일으키며, 사회제도를 남용한다고 비난한다. 대부분의 연구에서 이민자는 젊은 노동력을 제공하고 소비활동을 증가시켜 지역 경제에 대부분 긍정적이라는 결론을 내리고 있지만, 그러한 사실은 그들에게 중요치 않다. 민족주의 정치인들은 이민자들이 사회에 유해한 영향을 끼친다고 주장하면서, 자신들의 진짜 목적을 달성하려고 한다. 즉, 트라이벌리즘(tribalism)을 부추기고, 국민을 분열시키거나 적어도 지역사회에서의 담론을 최소화하여, 유권자들의 생각과 편향을 통제하려는 것이다.

고령화

고령화와 인구 증가는 우리가 애써 외면하는 불편한 진실 중에서도 매우 큰 문제다. 경제적 불평등, 기술로 인한 파괴적 변화, 사회제도에 대한 불신, 양극화의 역학과 부정적 영향을 가속화할 수 있는, 드러나지 않지만 강력한 힘이다. 간단히 말해, 인구통계학적 문제는 폭발력을 가늠하기 어려운 시한폭탄이나 다름없다.

1960년 30억 명을 웃돌던 세계 인구는 현재 80억 명 수준으로 늘어났으며, 매우 상이한 두 집단으로 나뉜다. 한 집단은 젊은 인구가 대다수인 국가다. 인도의 경우 전체 인구의 65%가 35세 미만이다. 2000년 이후 생산가능인구가 연간 2%씩 증가해 왔으며(인도의 인구배당효과), 2030년에는 10억 명을 넘어설 것으로 전망된다. 그러나 인도가 젊은 층을 위한 일자리 수백만 개를 실제로 창출할 수 있을지는 확실하지 않으며, 사실 많은 이들이 이에 대해 회의적이다. 충분한 일자리를 창출하지 못하는 경우, 많은 지역에서 실업이 발생하고 불만이 속출할 것이다.

또 다른 집단은 인구가 감소하고, 고령화가 가속화되는 국가이다(유럽 국가 대부분과 일본이 대표적). 65세 이상 인구가 급증하면서, 노후 지원 및 의료서비스 수요 증가에 대응하기 위해 생산가능인구의 과세 기준이 대폭 확대되어야 하는 상황이다.

인구통계학적 변화가 특히 위험한 이유는 심각한 글로벌 트렌드의 부정적 영향을 더욱 악화하기 때문이다. 예를 들어 노인복지 제공(고령화 국가) 또는 청년층 일자리 창출(청년층 비율이 높은 국가)이 어려운 국가에서는 인구 문제로 인해 빈부격차가 확대될 수 있다. 고령의 보수적인 기성세대와 미래에 대한 희망을 찾을 수 없는 청년세대 간 갈등이 심화되어 사회는 더욱 분열될 것이다. 기술로 인한 파괴적 변화는 디지털 지향적인 젊은 세대에게는 일자리를 제공하겠지만, 노년층이 기계로 대체되는 것은 감수해야 한다. 또한 전통적으로 일자리가 많은 선진국에서는 기회를 찾아온 이민자들에 맞서기 위해 노년층 사이에서 자국민 보호주의(nativism)가 확산될 수 있다. 결국 사회제도가 청년과 노년 세대

문제를 시급히 해소하지 못한다면, 사회제도에 대한 불신은 더욱 깊어
질 것이다.

◎ ◎ ◎

ADAPT에 대한 간략한 설문과 근거 자료를 종합적으로 살펴보면, 사
람들의 우려가 충분히 타당한 것임을 분명히 알 수 있다. 이를 깊이 분
석할수록 우리는 더 심각한 사실을 깨닫게 되었다. 이 모든 것은 일련의
위기가 임박했음을 알리는 전조라는 것이다. 10년 내에 해결하지 않는
다면 이러한 위기는 더 심각한 결과를 초래할 수 있다.

Asymmetry	... 빈부격차의 위기
Disruption	... 기술의 위기
Trust	... 제도적 정당성의 위기
Polarization	... 리더십의 위기
Age	... 4대 위기의 가속화

각 위기는 해결이 시급하며 창의력, 상상력, 불굴의 끈기로써 즉각 대
응해야 한다. 이러한 위기를 극복할 수 있는 시간은 10년밖에 남지 않았
으며, 자칫 잘못하다가는 그 기회를 놓쳐버릴 수 있다. 다음 장에서는
위기의 특징과 본질에 대해 더욱 심도 있게 살펴보고자 하며, 제2부에
서는 해결 방안을 논할 것이다. 나는 평소에 불필요한 걱정을 하는 사람
은 아니나, 현재 상황에 대해서는 매우 우려하지 않을 수 없다.

제 2 장

불균형: 빈부격차의 위기

정치학자 프란시스 후쿠야마(Francis Fukuyama)의 표현대로, 베를린 장벽 붕괴와 소련의 해체가 '역사의 종말'이고 자유민주주의가 지배하는 공평한 경제적 기회의 시대가 도래할 것이라고 했다면 온타리오주 해밀턴의 시민들은 믿지 않았을 것이다.[1] 해밀턴은 내가 태어나고 자란 곳이기도 하다.

1900년대 해밀턴은 러스트 벨트(rust belt) 신흥 도시 중 하나로, 글로벌 철강 기업 스텔코(Stelco)와 도파스코(Dofasco) 덕분에 번영을 누렸다. 노동자들은 적지 않은 임금을 받았으며, 인근에 작은 집을 마련하고 자녀들에게 대학 교육을 시키면서 자신보다 더 나은 삶을 살게 될 것이라 기대했다. 중산층 인구는 1950년 25만 3000명에서 1990년 59만 1000명으로 크게 증가했다.[2] 캐나다 축구 명예의 전당, 극장, 박물관, 의과대학으로 유명한 맥마스터대학교가 위치한 활기찬 동네였다.

그러나 소련이 역사의 뒤안길로 사라지면서, 해밀턴도 같은 길을 걸어야 했다. 세계화로 인해 철강산업의 중심이 저임금 국가와 효율성이 높은 소규모 공장으로 이동했다. 이로써 캐나다의 철강산업은 붕괴되었다. 해밀턴의 철강 노동자들은 새로운 일자리를 찾는 데 어려움을 겪었고, 급여는 현저히 낮아졌다. 지역이 쇠퇴하기 시작했고, 다음 세대의 미래는 암담해졌다. 그러나 해밀턴시는 '세계화로 사라진 산업도시'라는 진부한 전철을 밟지 않았다. 해밀턴은 그러한 도시들과는 차이가 있었다. 예를 들어 미국 디트로이트주나 오하이오주 영스타운과 달리 해밀턴은 비교적 젊은 편이다. 도시 전체적으로 거리가 여전히 깨끗하고 시내는 번화하며, 교외 지역 또한 도시 주변으로 계속 성장하고 있는 활기찬 도시로 보인다. 철강산업은 사라졌지만 그 빈자리를 첨단기술이 채웠기 때문이다.[3] 1975년 최초의 와이너리(포도주 양조장)가 세워졌던 지역에는 현재 102개 이상의 와이너리가 들어섰다.[4]

해밀턴의 흥망성쇠(미국 피츠버그, 영국 버밍엄 등도 유사한 사례)를 예로 든 것은, 빈부격차의 위기에 내포된 미묘한 복잡성을 잘 보여주기 때문이다. 뻔한 표현을 써서 별일 아닌 것처럼 표현하고 싶기도 하지만, 빈부격차의 위기가 어디에나 존재한다는 것은 엄연한 사실이다. 러스트 벨트의 문제이자 지방 도시의 문제, '3급 도시'의 문제이기도 하다. 세계의 흐름에 맞춰 변화하는 데 실패한 도시들이다.

해밀턴의 리더들이 새로운 시대에 맞춰 도시를 변신시킨 것은 현명한 선택이었다. 하지만 이것은 눈가림에 불과했으며, 그동안 경제 불균형은 악화되었다. 캐나다 사회계획연구위원회에 따르면, 해밀턴의 IT 산업 호황으로 1982~2013년 사이에 상위 1% 소득자(연 소득 40만 CA$ 이상)의 급여는 두 배 가까이 증가했다. 반면, 하위 90%(연평균 임금 3만 1200CA$)의 근로자들은 물가상승률을 감안할 때 1982년 대비 소득 증가율이 2%에 불과했다. 해밀턴의 IT 기업들이 안정화될수록, 2013년 이후 이러한 추세는 오히려 악화되었다.

여러분과 상관없는 일이라 생각할지 모르지만, 심각한 소득격차는 경고 신호다. 눈에 보이지 않아도 빈부격차의 위기는 이미 만연해 있다. 겉으로 드러나지 않기 때문에 그 세부적인 특성을 이해하기 위해서는 단순한 분석만으로는 부족하다. 실체를 정확히 파악하려면 천편일률적인 해답이 아닌 다른 무언가가 필요하다. 하지만 우리는 위기에 그대로 맞서는 수밖에 없다. 전 세계에 심각한 위협이 되기 때문이다. 그대로 둔다면, 눈에 띄지 않게 대대적인 방식으로 사회·경제·정치 체제를 병들게 할(사실 이미 병들고 있으나) 것이다.

국민들이 번영을 누리지 못하면, 사회는 심각한 어려움에 처한다. 국가나 지역이 제대로 돌아가기 위해서는 실질적이고 체감 가능한 번영이 절대적으로 필요하다. 경제적 번영을 누리지 못하면, 사람들은 성장에 기여하는 행위를 하지 않는다. 물건을 구매하거나, 미래를 꿈꾸거나, 새로운 사업을 시작하거나, 충분한 세금을 납부하는 등의 일을 하지 않는 것이다. 더 큰 불안감을 느끼게 되어, 마약과 알코올 남용 증가, 가정폭력 및 자해 발생, 일상적인 지역사회 활동 참여 의욕 감소 등으로 이어진다. 배타적인 성향을 갖게 되고, 자신과 유사한 사람들만 찾아다닌다. 결국 사회는 분열된다. 당연히 그들은 미래에 대한 희망을 잃은 채, 세상을 이끄는(또는 자신보다 더 잘사는) 사람들 때문에 자신이 불행해진 것이라고 결론을 내린다. 경제·사회 계층 간 갈등이 점점 커진다. 절망에 빠져 전통적인 규범을 짓밟고, 사회적 번영에 필요한 제도를 거부한다.

세계의 불균형이라는 다층적 문제의 실체를 세부적으로 분석하는(마치 해독제를 개발하듯이) 가장 좋은 방법은 냉전 종식 후 세계를 지배해 온

4대 강국 중국, EU, 러시아, 미국의 시각에서 살펴보는 것이다. 이들은 무역·규제·통화·SNS·군사력 등 다양한 무기를 가지고 경쟁국에 앞서 세계 패권을 얻고자 경쟁한다.

경쟁이 심화되면서, 강대국 내에서도 소외 또는 방치된 국민들이 국가 번영의 위협 요인이 되고 있다. 세계 패권을 위한 경쟁 속에서 국가와 지역 인구는 세 부류로 분열되었고 빈부격차 문제로 상황은 더욱 악화되었다. 이러한 세 부류를 합하면 각국과 지역 인구 대부분에 해당한다. 이 책에서 중국, EU, 러시아, 미국을 중점적으로 다루는 것은 나머지 국가를 배제하고자 함은 아니다. 이 국가들마저도 심각한 불균형에 직면해 있다면, 나머지 국가의 상황이 얼마나 심각할지 가늠할 수 있기 때문이다.

낙오된 청년층

나는 전직 교수이자 학장으로서, 많은 학생들이 첫 직장을 잡기 위해 세계 각국으로 진출하는 것을 보았다. 수십 년 전만 해도 듀크대학교 졸업생들 앞에는 밝은 미래만 기다리고 있었고, 낙관적인 기대로 가득 찬 행복한 나날을 보내는 것이 일반적이었다. 선택만 제대로 한다면 졸업생 대부분은 직업적으로나 경제적으로, 비교적 빠른 성공을 거둘 것이 확실했다. 하지만 이제는 그것이 어려워졌다고 본다. 최근 베를린, 모스크바, 뉴욕, 상하이에 진출하려는 졸업생들은 다들 공통적인 어려움을 겪고 있다. 이들은 부모 세대가 수십 년 전에 누렸던 것과는 완전히 다른 삶을 살고 있다. 여기에는 몇 가지 이유가 있다.

첫째, 주요 도시의 생활비가 높기 때문에 오늘날의 청년세대는 부모 세대를 따라잡기 어렵다. 중국 대도시의 경우(〈그림 2-1〉), 상하이 시내

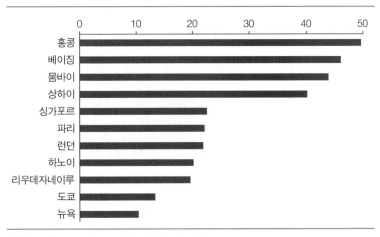

그림 2-1 주요 도시의 평균 소득 대비 주택 가격 비율(PIR, 2019)

자료: https://www.numbeo.com/property-investment/

집 한 채 가격은 일반 근로자 연소득의 40배에 가깝다. 참고로, 대출기관들은 소득의 3배 이상의 가격인 집을 구매하는 데 신중해야 한다는 입장이다. 런던, 뉴욕, 파리의 경우, 평균 소득 대비 주택 가격 비율은 중국보다 낮지만, 합리적인 수준을 훨씬 상회한다. 많은 청년들이 자가소유를 요원한 꿈으로 여기는 것도 무리는 아니다.

젊은 고연봉 전문직 종사자들은 아파트 공유 등 새로운 방법을 통해 대도시 생활을 누릴 수 있는 방법을 찾을 것이다. 그러나 많은 졸업생들은 고소득 직장을 찾기 어렵고(그 대신 바텐더, 식당 종업원 등 저임금 서비스 산업에서 일한다), 이러한 선택권이 없다. 평균 이하의 생활수준을 받아들이거나, 먼 지역에서 통근하면서 재량소득(discretionary income)의 상당 부분을 지출할 수밖에 없다.

물론 모든 지역에서 주거비 부담이 높은 것은 아니다. 독일의 경우, 젊은 전문직 종사자들이 주로 모여드는 대도시의 인구밀도는 낮은 편이다. 그 대신 전국의 중간급 도시에 일자리가 고르게 분포되어 있다. 도시의 인구 규모가 유사하면 부동산 가격이 상대적으로 비슷하다. 하지만 이러한 상황도 바뀌고 있는 것으로 보인다. 베를린은 점점 파리와 런던을 닮아가고 있다. 현재 베를린의 소득 대비 주택 가격 비율은 서서히 증가해 10을 조금 넘는 수준이다.[5] ≪모스크바 타임스(Moscow Times)≫에 따르면 모스크바는 전반적인 생활비가 예외적으로 낮은 수준에 머물러 있으나, 부동산 가격은 2018년 8.9% 상승해 CBRE의 「세계 주거 보고서(Global Living Report)」에서 6위를 기록했다.[6]

둘째, 성년기에 진입하는 청년세대가 불리한 이유는 부의 편중으로 빈부격차가 심화되고 있기 때문이다. 갓 취업시장에 뛰어든 초년생이 곧바로 최고 수준의 연봉에 도달하거나 곧 도달할 가능성이 있는 경우는 거의 없다. 있다 하더라도 극히 예외에 해당한다. 아마도 고등학교나 대학에서 정말 획기적인 것을 발명했거나, 이미 잘되고 있는 가족 사업에 동참한 경우일 것이다. 문제는 소득 상위층의 부가 더욱 고착화되고 있으며, 이것이 영미권 또는 자본주의에만 국한되는 현상이 아니라는 점이다. 중국·유럽·러시아·미국 등에서 상위 10%가 소유한 부의 비중은 1980년 이래 지속적으로 증가해 왔다(〈그림 2-2〉).

높은 생활비와 더불어, 대학 졸업생들의 대출 금액도 늘어나고 있다. 비싼 집값만 문제가 아니라, 졸업과 동시에 빚더미에 올라앉는 것이다. 미국은 총학자금 대출 잔액이 1조 5000억 달러로 세계 최고 수준이다. 중국은 상황이 비교적 낫다. 중국의 부모들은 대부분 자신을 희생해 가면서 자녀가 대학을 무사히 졸업할 수 있도록 지원하기 때문이다. 그래서 중국의 대학생들은 또 다른 종류의 부담을 안게 된다. 부모의 값비싼 기대에 부응하기 위해 성공해야 한다는 의무감이다. ≪파이낸셜 타임스

그림 2-2 전 세계 상위 10% 소득 비율(1980~2015)

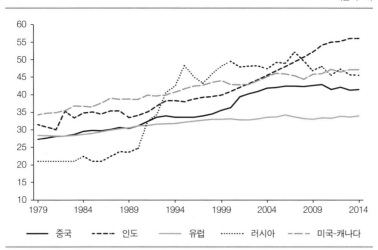

(단위: %)

자료: https://wid.world/world/#sptinc_p90p100_z/US;FR;DE;CN;ZA;GB;WO/last/eu/k/p/yearly/s/
false/25.253500000000003/80/curve/false/country

(Financial Times)≫에 따르면, 영국의 대학생들은 졸업 후 평균 4만 4000
파운드(5만 7519달러)의 빚을 지는데, 5년 전에는 1만 6200파운드(2만
1177달러) 수준이었다.[7] 입학 등록금이 없는 국가에서도 학생들은 여전
히 대출을 받는다. 스웨덴은 등록금이 없으나, 졸업생의 70%가 학자금
대출을 받고 있으며, 보통 총 17만 2000크로노(1만 8174달러) 수준이다.[8]

미래 대비가 잘되어 있고 졸업 후 취직할 수 있는 양질의 일자리가 있
다면 비싼 교육비도 문제가 되지 않을 것이다. 나는 커리어 전반에 걸쳐
교육과정 개편에 대해 연구를 해온 사람으로서, 두 가지를 확실히 말할
수 있다. 첫째, 교육과정은 학생들의 욕구뿐만 아니라 교수진의 관심과
정치적 성향에 따라 영향을 받는다. 둘째, 교육과정 개편은 오랜 시간이
걸리는 어려운 작업이다. 교육과정이 따라잡을 수 있는 것보다 세상은

더 빠른 속도로 변화하고 있다.

마지막으로, 요즘 대학 졸업생들은 점점 고령화되는 사회에서 납세의 의무를 지게 된다. 언뜻 생각하면 좋은 것처럼 보일지 모른다. 일자리 선택지가 더 많고, 경쟁이 덜하며, 고령화로 기회가 많아지기 때문이다. 하지만 경제적 부담을 고려하면 꼭 그렇지만은 않다. 인구가 노령화되면서, 납세자 한 사람이 세금을 통해 부양해야 할 비율(부양률)이 함께 높아진다. 이 책에서 살펴볼 4개 지역의 부양률은 2010년부터 상승하기 시작했으며, 향후 100년간은 계속 증가할 것이다. 이번에는 이 값비싼 인구격차의 수혜자에 해당하는 계층에 대해 살펴보자.

파산한 노년층

'이제 그만 저축하고, 지금까지 모은 돈을 쓰면서 살아야겠다'는 생각을 하는 시점이 온다면 재미있을 것 같다. 그런 면에서 나는 스스로 운이 좋다고 생각한다. 미리 계획하고 저축하며 나름대로 잘 살아왔다고 생각하기 때문이다. 그런데도 세계적인 인플레이션, 심각한 경기불황, 세계 전쟁 등으로 평생 저축한 돈이 모두 사라지거나 종잇조각이 되는 블랙 스완(Black Swan)이 발생할 수 있다는 것은 무서운 일이다. 이번 장에서 살펴볼 4개 지역에는 훨씬 더 심각하고 긴급한 문제를 안고 살아가는 사람들이 많이 있다.

먼저 미국부터 살펴보자. 1978년부터 미 의회는 401(k) 제도를 통해 은퇴자들에게 퇴직연금 세제 혜택을 주고 있다. 이러한 퇴직 계좌는 개인이 세전 소득의 일부를 뮤추얼 펀드 등에 투자하여 적은 투자로 개인연금을 설계할 수 있게 해주는 듯 보인다. 그러나 좋은 의도로 시작된 이 제도는 많은 은퇴자의 경제적 안정에 타격을 입혔다. 401(k)가 도입

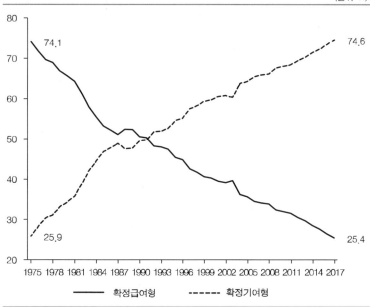

그림 2-3 연금 유형에 따른 가입자 비율(1975~2017)

(단위: %)

확정급여형 ―――― 확정기여형

자료: Department of Labor, Private Pension Plan Bulletin Historical Tables and Graphs, 1975~2017.

된 이후 확정급여형 연금(은퇴 후 보장된 금액을 받는 전통적인 연금)에 가입한 미국 근로자의 비율은 1980~2006년 사이에 60%를 조금 웃도는 수준에서 약 10%로 감소했다. 반면, 401(k)와 같은 확정기여형 연금 가입 비율은 17%에서 65% 이상으로 증가하며 완전히 역전되었다(〈그림 2-3〉). 2016년 기준 미국 근로자의 54%는 연금에 전혀 가입하지 않았고, 8%만 확정급여형 연금에 가입한 상태였다. 은퇴를 앞둔 50~59세 근로자 중 46%는 연금에 가입하지 않았고, 9%만 확정급여형 연금에 가입했다.[9]

다시 말해 고용주는 401(k)을 이용해 직원들의 퇴직금을 지급하는 부담에서 벗어났으며, 의외로 많은 근로자들이 연금에 가입하지 않고 자체적으로 노후 준비를 하고 있다는 것이다.

이러한 상황에서 문제는(적어도 은퇴자의 경제적 안정이라는 관점에서 볼 때) 투자 결정과 연금 가입 결정마저도 근로자들에게 맡긴다는 것이다. 근로자 상당수가 기존의 생활수준을 유지하거나 점점 증가하는 교육비를 감당하기 위해 401(k)에서 자금을 인출하거나 아예 가입조차 하지 않는다. 게다가 2008년 금융위기로 401(k) 적립금이 대폭 감소하여 최대 손실을 기록한 시점에 많은 사람들이 자금을 인출했다가 다시 납입하지 않았다. 사실, 가장 많이 자금을 인출한 연령층은 은퇴를 앞둔 55~65세였다.

결국 많은 미국인들이 실질적인 노후 자금 없이 은퇴할 것이고, 이미 위태로운 사회보장연금에 주로 의존하게 될 것이라는 의미다. 2019년 조사에 따르면, 55~65세 응답자 중 55%는 은퇴자금이 1만 달러 미만, 69%는 5만 달러 미만이라고 답했다.[10] 이들은 현행 제도보다 많은 추가 지원과 자금이 필요할 것이다.

러시아, EU, 중국의 상황은 어떨까? 나는 최근에 아내, 처가 식구들과 함께 모스크바에서 상트페테르부르크로 가는 유람선을 탈 기회가 있었다. 대도시 밖에서는 상당히 어려운 환경에서 생활하는 노인들을 쉽게 볼 수 있다. 연금 수급액이 부족한 것이 문제가 아니다. 오히려 연금 재원이 부족하다는 것이 문제다. 인구구조상, 러시아는 이 문제를 해결할 여력이 없다. 연금수급자는 2010년 이후 10% 이상 증가한 반면, 인구증가율은 매우 미미한 수준(1.4%)이며 곧 마이너스가 될 것이므로 예상되어 연금제도에 상당한 부담이 되고 있다.[11] 그동안 러시아 정부는 월평균 1만 3100루블(175달러)의 연금을 꾸준히 지급해 왔으나, 이는 먹고살기에 턱없이 부족한 수준이다. 결과적으로, 많은 은퇴자들은 계속해서

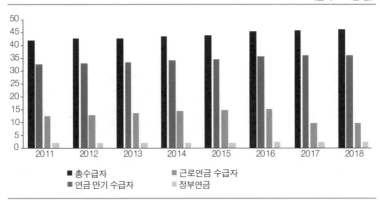

그림 2-4 러시아 연금수급자 수 추이

(단위: 100만 명)

- ■ 총수급자
- ■ 연금 만기 수급자
- ■ 근로연금 수급자
- ■ 정부연금

자료: RBC Magazine, "Russia retired: how the situation of different types of pensioners in the country varies," Ivan Tkachv, Julia Statostina, Damir Yanayev. July 5, 2018. From data from Russian Federal State Statistic Service. wwww.rbc.ru/economics/05/07/2018/5b3b6t739a79175033464791.

일을 할 수밖에 없다(〈그림 2-4〉).

서쪽으로 수백 킬로미터 떨어진 스칸디나비아 지역 국가들은 사회 발전과 성공 모델로 여겨지고 있으며, 주민들의 삶의 만족도가 가장 높은 지역이라는 찬사를 꾸준히 받고 있다. 그러나 심지어 그곳에서도 경제 불균형은 노년층에 영향을 미치고 있다. 핀란드, 스웨덴, 노르웨이의 대도시에서 불과 몇 시간 떨어진 곳에 깊고 맑은 호수나 피오르드가 어우러진 아름다운 시골 마을들이 있다. 이곳의 삶을 자세히 살펴보면, 북유럽의 문화가 어떻게 유래되었는지 알 수 있다. 혹독한 겨울에서 살아남기 위해 사람들이 서로 도와야 하는 척박한 환경이기 때문이다.

하지만 이제 청년들은 대부분 시골 마을을 떠났다. 더 많은 일자리가 있고, 즐거운 삶을 누릴 수 있는 도시로 떠난 것이다. 부모들은 대부분 시골에 남았다. 청년들이 떠나면서 마트, 은행, 극장, 식당, 의사와 변호

지도 2-1 1인당 지역 총생산(RMB), 2015

26,165.26~39,797.73	
39,797.73~53,430.20	
53,430.20~67,062.67	
67,062.67~80,695.15	
80,695.15~94,327.62	
94,327.62~107,960.09	

자료: National Bureau of Statistics of China, http://data.stats.gov.cn/english/mapdata.htm?cn=
E0103&zb=A0301(검색일: 2020.1.13). 빌 넬슨(Bill Nelson) 수정.

사들도 떠났다. 시골에 남은 은퇴자들은 은행에 돈을 입금하거나, 식재
료를 사거나, 머리를 자르거나, 영화를 보는 등 간단한 일을 보기 위해
멀리까지 가야 한다. 비교적 경제적으로 여유가 있는 은퇴자들은 이러
한 생활 방식에 싫증을 느껴 마찬가지로 마을을 떠난다. 경제적 여유가

없는 노년층만 시골에 남아, 집값이 떨어지고 마을이 활기를 잃는 것을 그저 지켜볼 뿐이다. 세상은 이들을 버려두고 신경을 쓰지 않는 것만 같다. 이 같은 심각한 상황은 북유럽뿐만 아니라 서유럽 지역 대부분에서도 일어나고 있으며, 지구 반대편에 있는 일본과 중국에서도 발생하고 있다.

지역 간 경제 격차는 마을을 떠날 형편이 되지 않는 사람들에게 더욱 큰 타격을 입힌다. 이들은 대부분 노년층이다. 예를 들어 중국의 취약 지역은 중국 내에서도 매우 넓으며 상당한 수의 인구가 거주하고 있다 (〈지도 2-1〉). 유럽 북부와 남부, 모스크바·상트페테르부르크와 그 외 러시아 지역, 미국 해안과 내륙을 비교한 지도를 보면 비슷한 불균형을 확인할 수 있다. 은퇴자들이 선택의 여지없이 눌러앉을 수밖에 없는 지역들이 확연히 드러난다.

샌드위치 세대, 중장년층

이 두 세대 사이에 있는 계층은 더 나은 삶을 누리고 있지 않을까? 한창 경제생활을 하고 있고, 은퇴 준비를 할 여유도 있으며, 학자금 대출은 이미 갚은 지 오래다. 적당한 집과 좋은 직장에서 자리 잡은 사람들일 것이다. 그렇지 않은가? 이들은 빈부격차의 위기를 걱정할 필요가 없을 것이다. 하지만, 정말 그렇게 생각한다면 다시 생각해 보는 것이 좋겠다.

우리 연구 팀에는 경제적으로 안정적인 부류에 속하는 사람들이 있다. 이들은 유럽, 러시아, 미국에 살고 있다. 경제적 불안과 그것이 세계 각국 가계에 미치는 영향을 연구한 결과, 우리는 '낙오된 청년층'과 '은퇴 파산' 계층이 위험하다는 것은 분명히, 비교적 빠르게 확인할 수 있었

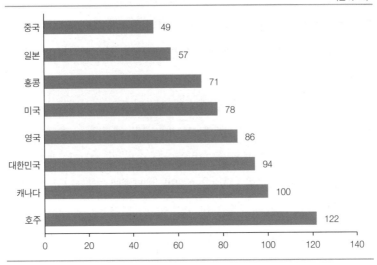

그림 2-5 국가별 GDP 대비 가계부채 비율(2017)

(단위: %)

- 중국 49
- 일본 57
- 홍콩 71
- 미국 78
- 영국 86
- 대한민국 94
- 캐나다 100
- 호주 122

자료: https://www.imf.org/external/datamapper/HH_LS@GDD/CAN/GBR/USA/DEU/ITA/FRA/JPN.

다. 우리는 이 같은 현실에서 팀원들과 주변인들이 어떠한 영향을 받고 있는지 살펴봤다. 그런데 '샌드위치 세대 즉 중장년층'에 해당하는 세 번째 그룹이, 지금 당장은 드러나지 않지만 가장 큰 위험에 노출되어 있음을 알게 되었다.

중장년층은 경제적으로 매우 분주한 시기이다. 주택담보대출, 자동차 할부금이 남아 있는 경우가 많다(〈그림 2-5〉). 아직 학령기의 자녀들이 있고, 자녀들의 안정적인 미래를 위해 상당한 돈을 교육비로 지출하고 있다. 부모 부양에 대한 부담도 점점 커진다. 즉, 중장년층은 청년층과 노년층의 경제적 상황이 악화되면서, 자기 자신의 지출과 부채뿐만 아니라 두 계층을 경제적으로 지원해야 한다. 전도유망하고 지적이며 유능하다고만 생각했던 팀원들이 자신의 경험을 설명하며 목소리에 두

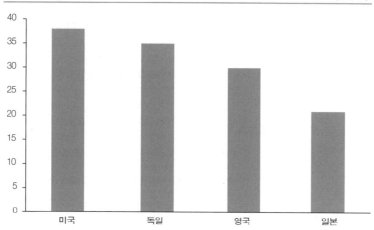

그림 2-6 국가별 자동화 고위험 직업군 비율

(단위: %)

자료: PwC, "Will Robots Really Steal Our Jobs? An international analysis of the potential long term impact of automation, 2018". OECD의 국제성인역량조사 프로그램 자료(http://www.oecd.org/skills/piaac/publicdataandanalysis/)를 근거로 PwC가 분석했다.

러움의 그림자가 드리우는 것을 듣고 나는 매우 놀랐다. 하지만 그들은 직접경험을 통해 데이터가 사실임을 알고 있었고, 조금이라도 바뀌지 않는다면 자신도 똑같은 처지일 수밖에 없음도 잘 알고 있었다. 어깨에 짊어진 부담감으로, 현재의 성공조차 마음껏 누리지 못하고 있었다.

샌드위치 세대 중장년층은 현금흐름이 가장 중요한 시기이지만, AI, 로봇, 산업혁명 등으로 일자리를 잃을 위험이 가장 높은 연령층이기도 하다. 단지 서구 국가의 문제는 아니다. 사실 이 현상은 중국에서 가장 심각하게 나타날 수도 있는데, 이미 중국 중산층 가정 대부분이 주거비와 교육비 지출로 경제적 여유가 없다. 잠깐이라도 실직하는 경우(전 세계 어느 국가에서나 실직 위험은 매우 높다. ⟨그림 2-6⟩), 그 기간을 버텨낼 여유 자금이 거의 없다. ≪파이낸셜 타임스≫에 따르면, 중국 정부가 AI

'초강대국'이 되기 위해 대대적으로 국가 차원의 자동화를 추진한 결과, 2015년 이후 일부 기업에서는 일자리가 최대 40%까지 사라졌다.[12]

일부 일자리가 사라지더라도 다른 일자리는 남아 있을 수 있다. 그러나 중장년층이 새로운 직무를 익히고 적응하는 것은 매우 어려운 일이다. 현 상황이 어떻든 간에 이들이 미래를 걱정하는 것은 당연하다.

한눈에 보는 빈부격차의 위기

이 절에서는 4개 지역의 상당히 암울한 그림을 제시했다. 각 국가가 겪고 있는 심각한 내부 문제들이 2030년에 더욱 심화될 것임에도 불구하고, 아직 인식조차 못하고 있는 경우도 많다. 이러한 문제들은 서로를 심각화하는 효과가 있다. 경제적 여유가 없는 은퇴자가 늘어나면 세제 부담이 가중되며, 이는 중장년층에 추가로 부담을 주게 된다. 적극적인 소비가 가능한 중장년층이 줄어들면 젊은 구직자들을 위한 좋은 일자리가 줄어들거나, 세수가 부족하기 때문에 필요한 서비스를 충분히 제공할 수 없다.

〈표 2-1〉은 이 절에서 설명한 세 인구 계층이 향후 10년간 직면할 문제를 요약한 것으로, 매우 심각한 문제들이다. 불안한 미래에 대해 고민하는 과정에서 국내 정책, 지정학적 입장을 놓고 정치적 혼란이 야기될 수 있을 정도로 중대한 사안들이다. 비록 국가와 지역에 따라 미미한 차이는 있으나, 대체로 공통적인 문제를 안고 있다는 점이 눈여겨볼 만하다.

중요한 것은 각 연령 계층이 과거보다 경제적으로 불행해졌다는 (그리고 실제로 그렇게 느끼고 있다는) 점이다. 그 자체가 위기다. 겉으로 보기에는 아무리 평온하고 장밋빛이며, 심지어 미래가 밝은 것처럼 보이더라도, 온타리오주 해밀턴의 사례와 같이 많은 사람이 현재나 미래에 어떻

표 2-1 인구 계층에 따른 위험 심각도(지역별)

	미국	중국	EU	러시아
낙오된 청년층				
부채	높음	낮음	중간	낮음
높은 주거비		높음	낮음	낮음
세금 부담	높음	중간	높음	높음
취직 준비				
파산한 노년층				
경제적 준비 없이 은퇴	높음	높음		높음
지역별 격차	중간	높음	높음	높음
의료 서비스 품질 및 비용	높음	높음	낮음	높음
부양률 관련 문제	중간	중간	높음	중간
샌드위치 세대 중장년층				
직무 전환 위험	높음	높음	중간	중간
생활수준 유지의 어려움		높음		높음
부모 부양/세금 부담	높음	높음	높음	높음

자료: 저자 작성.

게 먹고살 수 있을지 심각하게 우려하는 상황에서는 국가와 지역의 기능이 급속히 악화되고 결국 번영할 수 있는 방법을 잊어버리게 된다.

제 3 장

파괴적 변화: 기술의 위기

제2차 세계대전의 종말은 괄목할 만한 경제적·사회적 발전을 가져왔지만, 결과적으로 ADAPT(불균형, 파괴적 변화, 고령화, 양극화, 신뢰)의 형태로 세계 곳곳에 표출된 문제를 심화했다. 그리고 인류 역사상 또 하나의 중요한 변곡점이 탄생하게 되었다. 바로 인간과 자연 모두를 소멸시킬 수 있는 핵폭탄이라는 기술이 개발되었다는 것이다. 지구와 인간 사회는 과거에도 대대적으로 파괴적 변화를 겪은 적이 있지만, 대부분 자연재해나 질병으로 인한 것이었다. 전쟁의 경우 대부분은 일부 지역이나 정치체제에만 영향을 끼쳤다.[1] 그러나 핵전쟁에 따른 파괴적 결과는 국가 간의 상호작용, 인간의 폭력성으로부터 자기 보호, 상호 관계에 대한 인식 등을 다시금 생각해 보게 했다.

오늘날 우리는 비슷한 딜레마에 직면하고 있다. 빠르고 역동적인 기술 발전에 따라 우리의 삶과 사회의 모든 면이 변화하고 있으며, 혼란스럽고 난해한 방식으로 인간과 그 주변 환경을 위협하고 있다. 비록 기술이 우리 일상생활의 수많은 부분을 개선했지만, 그럼에도 우리 삶에서 기술이 과도한 역할을 차지하면서 두 가지 중요한 리스크가 발생한다. 첫째, 정보기술이 우리의 일상, 미래의 목표와 희망에 파괴적 영향을 끼친다는 것이다. 둘째, 제5장에서 중점적으로 다룰 내용이지만, 훨씬 더 큰 규모의 파괴적 변화를 야기할 수 있다는 점이다. 에너지를 생산하고, 식재료를 재배하고, 물건을 만들어 운송하며, 장소를 이동하고, 근무 및 거주용 건물을 만드는 등 삶의 편의를 위한 기본 기술들이 지구온난화를 야기하고 있다는 사실이다.

IT 기술로 인한 파괴적 변화, 사람·사회에 대한 악영향

아이에게 로봇을 그려달라고 하면, 네모난 얼굴, 눈, 귀, 코, 입, 사람과 비슷한 팔다리가 있는 상자 형태의 인간을 그릴 것이다. 반면 어른들은 1950년부터 온갖 종류의 컴퓨터에 튜링 테스트를 실시해, 인간과 구분할 수 없을 정도의 지능을 보이는지에 따라 기계가 인간 수준에 도달했는지를 연구했다.

이 두 가지 사실은 모두 컴퓨터, 디지털 세계와 인간이 특별한 관계라는 것을 보여준다. 지식과 정보, 그리고 어느 정도는 인간의 지각 능력까지 포함한, 복합적인 내용을 다루는 것은 인간의 고유한 능력이다. 그 어떤 제품이나 서비스도 인간의 지능을 갖췄다고 보기 어렵다. 그 어떤 것도, 심지어 자동차조차도 인간의 삶의 방식이나 가장 중요한 근본적인 것을 파괴할 힘은 없다. 결국, 그동안 우리 삶에서 새로운 기술의 역할은 계속해서 조정 및 보정되어 왔다. 사생활, 생계, 삶의 질, 교육 외에도 친구, 가족, 공동체와 교류하는 방식 등 인간의 중요한 가치관에 미치는 기술의 영향과 사회적 효용 사이에서 균형을 이루기 위해서이다.

인터넷이 광범위하게 사용되기 전 수십 년 동안, 그리고 경제를 주도하는 거대 기술 플랫폼인 4대 IT 공룡기업(구글, 아마존, 페이스북, 애플)과 BAT(바이두, 알리바바, 텐센트)가 최근에 등장하기 전까지, 이러한 균형을 유지하는 것은 어려웠지만 불가능한 것은 아니었다. 실제로 직장, 가정, 사회에 새로운 디지털 혁신을 도입하기 위해 다양한 노력이 이루어졌던 것은 기술의 무해성, 가치성, 확실한 통제 가능성에 대한 믿음이 있었기 때문이다.

하지만 이제 더는 예전만큼 확신할 수 없다(기술전문가들조차 동의하는 내용이다).[2] 디지털 기술은 점점 더 인간 지능의 특성을 반영하고, 인간보다 더 효율적이며, 과거를 답답해 보이게 할 정도로 빠르게 발전하고 있다. 따라서 새로운 하드웨어, 소프트웨어, 애플리케이션, 플랫폼에 의한 파격적 혁신의 속도를 늦추는 것이 점점 어려워지고 있다. 그 결과, 사회·정치·경제뿐만 아니라 거의 모든 산업에서 기술은 사람들의 필수 업무를 대신 수행하며 일상생활 방식을 자유롭게 재정립하고 있다. 또한 새로운 채널을 통한 커뮤니케이션과 다양한 품질의 정보 교류를 가능케 하고 있다.

기술의 발전에 따른 파괴적 변화(그로 인한 여파의 지속 가능성 포함)는 상당히 심각한 것이어서, 다양한 기술적 위협에 대한 우려를 낳고 있다. 이는 내가 대화를 나눴던 사람 대부분이 공감한 부분이기도 하다. 그중에서도 거대한 기술 플랫폼의 급격한 성장과 글로벌 확장에 따른 위험이 가장 많이 언급되었다.[3] 이 기업들은 거대한 규모의 경제, 방대한 양의 데이터 축적과 AI 활용을 통한 가장 의미 있는 정보 수집 능력에서부터 쇼핑, 미디어, 헬스케어, 사회관계, 금융의 본질을 플랫폼 경제로 완전히 재편하는 능력에 이르기까지 핵심적인 성공 요인을 바탕으로 그들만의 비즈니스 모델을 능숙하게 구축해 왔다. 그 결과, 소수의 IT 기업이 막대한 부, 영향력, 소비자와 개인의 데이터, 시장지배력을 확보하게 되었다. 한편 로봇, AI, VR 등 기타 기술의 발전은 인간의 일자리와 생계를 위협하고 있다.

분명, 기술은 엄청난 원동력이 될 수 있다. 그 덕분에 우리는 많은 것들을 더 우수한 품질로 저렴한 가격에 빨리 얻을 수 있으며, 개인의 니즈에 맞춘 상품과 서비스를 제공할 수 있게 되었다. 과거에는 상상조차 하지 못했던 것들도 가능해졌다. 방대한 양의 지식에 즉시 접근할 수 있다. 혁신적인 신규 산업이 등장해 과거의 비효율적인 산업을 대체하고 있다. 문제는 기술이 우리 삶의 곳곳에 스며들어 있기 때문에, 기술의 잠재적인 유해성이 방대한 규모의 피해를 야기할 수 있다는 것이다.

간단히 말해 우리는 수많은 질문을 안고 있는 셈이다. 새로운 세상의 혜택을 누리면서도, 이에 따른 문제를 관리하거나 줄이는 방법은 무엇일까? IT 기업들은 자사 제품의 부작용에 대해 어느 정도까지 책임을 져야 하는가? 피해 방지를 위한 자체적 노력과 관련해 IT 기업의 책임은 무엇인가? 어떻게 하면 우리는 기술의 유해성으로부터 스스로를 보호할 수 있을 것인가? 2017년 애플의 CEO 팀 쿡(Tim Cook)은 MIT 졸업식 연설에서 다음과 같이 언급했다. "기술은 위대한 일을 할 수 있지만, 위대한 일을 하고 싶어 하지 않는다. 위대한 일은 인간이 하는 일이다. 나는 AI가 컴퓨터에게 인간처럼 생각할 수 있게 해주는 것을 걱정하지 않는다. 오히려 사람들이 가치관이나 동정심 없이, 그리고 결과에 대한 고민 없이, 컴퓨터처럼 생각하는 것이 더 우려스럽다." 이번 장에서는 신기술과 디지털화에 따른 가장 중대한 위협에 대해 살펴보자. 이러한 위협에 대처하는 방법은 제2부에서 논의하기로 한다.

빈부격차

필 쿡(Phil Cook) 듀크대학교 교수와 이 책의 공동 저자 로버트 프랭크(Robert Frank)는 경제의 핵심적인 특징을 최초로 규명했다. 경제는 점점 더 '승자가 독식'하게 된다는 것이었다.[4] 그들의 주장에 따르면, 플랫폼 기반의 세계는 고도로 복잡하게 연결되어 있고 지식이 풍부하게 존재하기 때문에 소수의 상위 계층에만 집중적인 보상이 이루어진다. 그들이 시장에서 정상을 차지하면 경쟁자들보다 더 많은 잠재고객에게 도달할 수 있어 우위를 더욱 공고히 할 수 있기 때문이다. 결국, 소수의 상위 참여자들은 사용자들에게 더 많은 혜택과 편의를 제공할 수 있기에(예: 아마존 프라임), 새로운 경쟁자가 움직이기도 전에 이미 능가할 수 있는 위치에 있다.

거대 플랫폼 기업으로의 부와 권력의 집중은 심각한 문제이지만, 이것이 어떻게 빈부격차에 기여했는지는 크게 관심받지 못하고 있다. 1967년과 2017년 미국에서(넓게는 전 세계에서) 가장 가치 있는 글로벌 기업들을 살펴보자. 1967년에는 IBM, AT&T, 이스트만 코닥(Eastman Kodak), 제너럴 모터스(General Motors), 스탠더드 오일 컴퍼니 오브 뉴저지(Standard Oil Company of New Jersey)가 있었다. 2017년에는 애플, 알파벳(구글의 모회사), 마이크로소프트, 아마존, 페이스북이 있다. 1967년 상위 5개 기업들은 협력 업체를 통해 직간접적으로 수많은 일자리를 창출했다. 하지만 2017년 상위 5개 기업들은 그렇지 않다. 예를 들어 1967년 AT&T의 임직원 수는 약 100만 명이었다. 반면 2017년 알파벳의 임직원 수는 9만 8000명에 불과했다. 소프트웨어 기반의 회사들은 적은 수의 직원과 협력 업체로도 부를 축적할 수 있다. 그 결과, 소수의 노동자만이 가장 영향력 있는 기업에서 최고의 일자리로 혜택을 볼 수 있는 반면, 인구의 상당수는 그보다 매출이 적은 조직에서 낮은 임금을 받으며 경쟁해야 한다.

지역 우위도 비슷한 방식으로 작용한다.[5] 지식기반 경제에서는 고숙련 노동자, 기업가, 초기 투입 자본을 확보한 기술 중심 도시와 지역이 기술 스타트업들을 독차지하고 있으며, 특권적 지위 덕분에 계속해서 더 많은 기업을 유치하고 있다. 2017년 가장 가치 있는 미국 5대 기업의 본사가 두 개 도시에 집중되어 있다는 것은 주목할 만하다.

지역적 변동성에는 또 다른 측면이 있다. 통화가 동일한 경제권의 경우 기술에 많이 투자하고, 그로 인해 혜택을 가장 많이 받은 지역이 덜 투자한 지역보다 우수한 성과를 낸다. 예를 들어 구자라트(Gujarat)는 인도의 GDP가 늘어나는 과정에서 기술개발을 제대로 활용하지 못한 지역에 비해 거의 두 배나 많은 혜택을 누렸다.[6] 중국 내륙, 미국 중서부 일부, 남부 유럽에도 유사한 현상이 나타났으며, 이로써 EU 전체에 부정적인 결과를 초래하기도 했다. 남유럽의 경우 북유럽보다 한발 늦게 산업 분야에 기술을 도입하는 바람에 가격경쟁력을 잃기도 했다. 이러한 문제를 방치한다면, 그 이후에 벌어질 일은 뻔하다. 부는 점점 더 소수의 도시, 기업, 개인에게 집중될 것이다.

일자리 감소

세계적으로 비관론을 부추기는 가장 중요한 요인은 두 가지다. 고용시장 위축에 따른 해고에 대한 두려움과, 신기술 때문에 저임금 직종으로 밀려날 수 있다는 공포감이다. 전 세계 3만 3000여 명을 대상으로 조사한 2019년 에덜먼 신뢰도 지표에 따르면, 응답자의 약 60%가 보수 좋은 일자리를 구할 능력이 없음을 걱정하고 있으며, 55%는 자동화 등 기

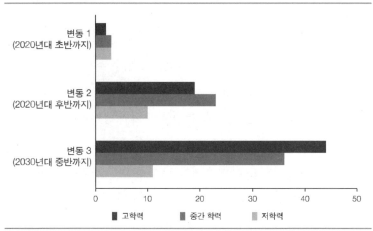

그림 3-1 기간별 자동화로 인한 대체 위험

변동 1
(2020년대 초반까지)

변동 2
(2020년대 후반까지)

변동 3
(2030년대 중반까지)

0   10   20   30   40   50

■ 고학력   ■ 중간 학력   ▨ 저학력

자료: PwC, "Will Robots Really Steal Our Jobs? An international analysis of the potential long term impact of automation," 2018. OECD의 국제성인역량조사 프로그램 자료(http://www.oecd.org/skills/piaac/publicdataandanalysis/)를 근거로 PwC가 분석했다.

술혁신으로 일자리가 사라질 것을 우려하고 있었다. 이번 조사를 설계한 에델먼의 CEO 리처드 에델먼(Richard Edelman)은 "사람들은 스스로의 두려움에 지배당하고 있다. 2명 중 1명은 혁신의 속도가 너무 빠르다고 생각한다. 5명 중 4명은 10년 후 자신의 경제적 상황이 더 나빠질 것이라고 믿고 있다. 이는 기록적인 수치다. 결국 기계가 현재의 일자리를 대체할 수도 있다는 두려움으로 귀결된다"[7]라고 설명했다.

이러한 판단은 얼마나 현실성이 있을까? 2013년에 발간된 옥스퍼드 대학교 마틴 스쿨의 논문은 미국 내 직업 47%가 자동화 위험이 높다는 결론을 내렸다.[8] 〈그림 3-1〉과 같이 29개국을 대상으로 한 2018년 PwC의 연구 결과, 30%에 가까운 일자리가 자동화로 심각한 타격을 입거나 사라질 것으로 보인다.[9] 비록 정확한 수치는 연구마다 다르지만, 대부분의 연구가 자동화로 가장 큰 타격을 받을 계층이 저학력자, 여성, 청년층이라는 점을 공통적으로 지적하고 있다.

자동화 기술의 잠재적 범위와 규모를 고려할 때, 향후 수년에 걸쳐 고용시장은 상당한 충격을 받을 것으로 보인다. 피해를 최소화하기 위한 긴급 대책이 필요하다. 옥스퍼드대학교 마틴 스쿨의 경제학자 칼 베네딕트 프레이(Carl Benedikt Frey)는 "산업혁명은 장기적으로 유례없는 부와 번영을 창출했지만, 기계화는 즉각적으로 많은 사람들에게 파괴적인 피해를 입혔다. 중산층 일자리는 줄어들었고, 임금은 그대로이고, 노동소득분배율은 하락하고, 이윤은 급증했으며, 경제적 불평등은 폭증했다"[10]라고 말한다. 그의 표현에 따르면 '컴퓨터 혁명' 기간 동안 이와 동일한 현상이 나타나고 있다. 초기 단계에서 필수적인 기술을 습득하고, 새로운 일자리를 창출하며 지원하는 등의 단기적인 관리 노력에 따라 그 파급력이 달라질 것이다.

사생활 침해

IT 플랫폼, 클라우드 컴퓨팅, 데이터 애널리틱스의 발전은 편의성, 효율성, 맞춤형 솔루션, 지식의 진보, 정보-제품-서비스의 가용성 측면에서 놀라운 발전을 이루었다. 하지만 현재 클라우드에는 상상을 초월하는 양의 개인 데이터가 저장되어 있다는 단점이 있다. 이것은 또 다른 문제를 낳는다. 결국, 인류에게 유용한 방식으로 데이터를 활용하면서도 사생활을 보호하고 데이터의 정확성을 보장할 수 있는 방법은 무엇일까?[11]

데이터 축적과 AI 기반 데이터 분석의 핵심은 정보를 최대한 많이 확보하고, 계속 학습하면서 정확한 판단을 내리는 것이다. 우리가 누구인지, 취향·취미·직업·라이프스타일은 무엇인지에 대해 계속해서 정보를 수집해야만 우리가 기대하는 맞춤형 솔루션을 제공할 수 있다. 유용한 기능을 하려면, 기계가 우리에 대해 많이 알고 있어야 하는 것이다. 하지만 사생활 침해 문제를 무시하는 IT 플랫폼과 서비스 제공자들에 대한 반발이 세계적으로 거세지고 있다. 플랫폼 사용 시 보호받지 못하는 개인정보가 무엇인지, IT 기업이 이 개인정보를 어떻게 활용하는지 투명하게 공개하도록 규제해야 한다는 정책입안자들의 요구가 늘어나고 있다. 사람들은 대부분 의료 연구와 같이 공익을 증진시키고 제품이나 서비스 질 향상에 개인정보가 활용되는 것은 수긍할 것이다. 하지만 그로 인해 사생활이 침해되고 신변에 위협을 느끼는 일이 발생하는 것은 반대할 수밖에 없다.

중앙 집중식 관리

플랫폼 등 IT 기업이 개인에 대한 데이터를 축적할 때 위험한 점이 있다. 개인정보가 극소수의 대규모 조직이나 정부에 의해 관리되고, 정보주체에게 최선의 이익을 주지 않는 곳에 사용될 수 있다는 사실이다. 플랫폼 기업은 개인의 데이터로 이윤을 창출하고자 하며, 정부는 데이터를 감시 목적으로 활용하려 한다. 이 장에서는 잘못된 동기로 이윤을 추구하는 경우 발생하는 결과에 대해 다루려고 한다. 이러한 현상은 정부의 감시라는 측면에서 이미 일어나고 있다. 예를 들어 중국 정부는 사회신용제도를 구축 중이다. 청구서 납부 이력, 학업, 교통법규와 산아제한 규정 준수 여부, 기술 사용, 쇼핑 유형 등의 지표를 사용해 모든 시민의 순위를 매기는 것이다. 은행, 통신사, 알리바바 등 이커머스 기업의 정보를 활용할 예정이다.[12]

서구 국가에서의 법 집행을 위한 조사는 이보다 덜 공격적이기는 하지만 마찬가지로 침해적 성격을 띠며, 구글·애플·통신사 등 온라인 업체의 데이터에 의존하고 있다. 개인정보에 접근하기 위해서는 일반적으로 소환장이나 영장이 필요하지만, 정부나 법 집행 기관이 과잉 대응한 사례도 있다. IT 기업이 확보한 개인정보에 접근할 수 있는 수단을 정부 당국이 가지고 있다는 것은 많은 사람들에게 경각심을 심어주며, 공공기관에 대한 신뢰를 저하시키는 데 한몫하고 있다.

소셜미디어의 심각한 부작용

페이스북은 총사용자 수가 20억 명이 넘으며, 기독교인 수만큼 많은 팔로워를 보유하고 있다. 트위터와 인스타그램은 각각 1억 명 이상의 활성 사용자를 보유하고 있으며, 그들 중 상당수가 매일 플랫폼에서 장시간 활동하고 있다. 소셜 네트워크가 만들어내는 허위 및 오류 정보와 그에 따른 분쟁에서 알 수 있듯이, 소셜미디어는 사실을 왜곡하여 유포하고, 의견과 감정을 악화하며, 진실과 허구 모두를 전파하고, 전 세계 사람들의 담론을 형성할 수 있는 무한한 힘을 지니고 있다.

소셜미디어 사이트에서 발생하는 문제점은 해당 기업에 책임이 있지만, 사실 소셜미디어로 인해 서서히 퍼지는 악영향은 인간의 성향에 의한 것이다. 사람들은 긍정적인 내용보다 부정적인 게시 글에 훨씬 더 많은 시간을 소비한다.[13] 플랫폼 비즈니스 모델은 독자 확보와 유지가 관건이기 때문에 부정적인 콘텐츠에 치우칠 수밖에 없다. 사람들은 대면 상황보다 소셜미디어 플랫폼에서 다른 사람들을 괴롭히고 비하하는 경향이 크다. 또한 온라인에서 자신의 세계관에 맞는 게시 글과 사람들을 선호하는 경향이 있다. 그렇기에 이러한 현상은 사회분열을 더욱 공고히 하며, 세계관이 다른 사람이 하는 말을 신뢰하지 않게 만들었다.

아마도 소셜미디어를 가장 강력히 비판한 사람은 음악 공유 사이트 냅스터(Napster)의 설립자이자 페이스북 설립 당시 마크 주커버그(Mark Elliot)에게 조언을 해준 숀 파커(Sean Parker)일 것이다. 파커는 최근 소셜미디어 플랫폼이 사회에 미치는 영향을 우려해, 자신의 페이스북 주식 전량을 매각했다. 그는 페이스북이 관심받기를 원하는 사람들에게 세심한 보상 체계를 제공해 중독에 빠지게 하고, '인간의 심리학적 취약점을 이용함으로써' 사업을 확장했다고 비판했다. 그는 "누군가가 내 사진이나 게시물에 좋아요를 누르거나 댓글을 달면 도파민과 같은 쾌감을 느끼게 된다.…… 사회적 검증을 받는 피드백 루프이며…… 인간의 심리학적 약점이다"라고 뉴스 사이트 악시오스(Axios)에서 언급했다.[14]

성공적인 플랫폼 기업을 설립한 많은 창업자들이 거버넌스 개선, 사회통합, 창의성 및 혁신 증진, 최고의 아이디어 개발 등 숭고한 목표를 세우고 있다. 하지만 지금 상태로 방치한다면, 이러한 목표는 이루어지기 어려울 것이다.

인간을 더 바보로 만드는 기술

샌프란시스코에 위치한 캘리포니아대학교의 애덤 개절레이(Adam Gazzaley) 신경과학과 교수, 도밍게스 힐스(Dominguez Hills)에 위치한 캘리포니아주립대학교의 래리 로즌(Larry Rosen) 심리학과 교수는 스마트폰과 그것이 인간 지능에 미치는 영향에 대해 우려하고 있다. 그들은 인간 뇌의 핵심 기능을 두 가지로 구분한다. 첫 번째는 고등 사고능력이다. 데이터를 종합하고 기존 지식과 연계하며, 창조하고 감정과 연결하며, 계획하고 결정하는 것을 포함한다. 두 번째는 계획을 실행하고 행동으로 옮기는 것이다. 흥미롭게도 인간의 고등 인지능력은 다른 종들보다 훨씬 발달되어 있지만, 단기기억력과 집중력을 바탕으로 한 비판적 인지 실행 능력은 침팬지 수준에 불과하다.

그것만으로도 이미 충격적이지만, 개절레이와 로즌 교수는 저서『집중력의 상실(The Distracted Mind)』에서 스마트폰의 뛰어난 검색 능력과 집중을 방해하는 특성이 인간의 단기 지능을 더욱 약화하고 있다고 말한다. 주된 원인은 유비쿼터스 기술로 인한 두 가지 현상 때문이다. 첫째, 우리는 스스로 멀티태스킹 성향을 급격히 강화했는데, 불행히도 한 작업에서 다른 작업으로 빠르게 전환하는 것에 불과하다. 실제로 우리의 뇌는 주의력을 요하는 작업을 한 번에 두 가지씩 할 수 없다. 개절레이와 로즌 교수는 인간이 한 작업에만 집중하는 능력을 잃었다고 우려한다. "음식점 안이나 거리의 사람 또는 영화관에 줄을 서 있는 사람들을 보면, 다들 분주하게 손가락을 움직이고 있다. 바로 눈앞에 있는 사람보다 디바이스를 통해 연락할 수 있는 사람들에게 더 신경을 쓰는 것 같다. 그리고 더 비관적으로 말하면, 우리는 자신의 생각에 오롯이 집중할 수 있는 능력을 상실하고 말았다."[15]

둘째, 하나의 작업에 투자하는 시간이 점점 더 줄어들었다. 정말 중요한 과목을 공부해야 하는 학생, 중요한 업무를 수행해야 하는 직원, 심지어는 운전에 이르기까지, 인간의 집중력은 약화되었다. 인내심이 계속 줄어들고 있는 것처럼 보인다. "심지어 최근의 연구에 따르면, 4초의 법칙이 실제로는 '2초의 법칙' 또는 심지어 '400밀리초(0.5초도 안 되는 시간)의 법칙'에 더 가까울 수도 있다고 한다. 사람들은 매우 조급해하며, 원하는 대로 되지 않을 경우 바로 다음 화면으로 빠르게 관심을 돌린다."[16] 이 모든 것은 매혹적인 사운드, 강력한 비주얼, 거부할 수 없는 진동 등 주변의 자극을 무시할 수 없기 때문이다.

더 심각한 문제는 우리의 뇌가 신경 플라스틱이라는 것이다. 즉, 뇌는 사용량에 따라 재연결(rewire)되기 때문에, 초기에 형성된 성향은 인생 전체에 걸쳐 지속될 수 있다. 단편적으로만 읽고 관찰한다면, 뇌는 단편적 활동을 유지하는 데 적응한다. 기억나지 않는 내용을 바로 검색하는 데 익숙해지면, 뇌 용량이 위축되도록 방치하는 것이다. 분명 기술은 여러 면에서 인간을 더 똑똑하게 할 수 있고 또 그렇게 만들었지만, 개절레이와 로즌 교수의 연구 결과는 스마트폰의 부작용을 내버려 둘수록 상황이 악화된다는 것을 보여준다.

자기파괴적 행위

자랑스러운 나의 며느리는 이와 관련된 직업에 종사한다. 변증법적 행동요법 전문가로서 불안감, 우울함을 느끼고 있거나 자해할 가능성이 있는 사람들을 치료하는 일을 한다. 우리는 자해가 증가하는 이유에 대해 흥미로운 대화를 나눴다. 요즘 환자들이 자신의 증상에 더 관심을 기울여 상담을 받기 때문이기도 하고, 정신질환을 앓고 있다는 것을 인정하는 환자들도 늘어났기 때문이다. 문제는 기술도 영향을 준다는 것이다. 그 이면의 원리는 가히 충격적이다.

예를 들어 사람들은 소셜미디어에서 자기 자신, 직업, 관계, 가족들의 생활에 대해 바람직한 모습만 보여주려고 하는 경향이 있다. 따라서 자신의 삶에 불만족스럽거나 열등감을 느끼는 사람들이 소셜미디어에서 자신을 타인과 비교하며 깊은 우울증에 빠질 수 있다. 소셜미디어 활동은 잔인하고 괴로우며, 끝없는 좌절감을 느끼게 한다. 인터넷은 우울증 환자에게 꿈의 공간이다. 자신에게 아무런 증상이 없다고 생각하는 사람도 많겠지만, 조금만 찾아보면 누구나 이미 그러한 증상이 나타나고 있음을 알 수 있을 것이다.

이해할 수 없는 AI

AI가 우리의 삶을 궁극적으로 더 나은 방향으로 바꿀 수 있다는 것은 누구도 의심하지 않는다. 인간의 뇌와 유사한 수준의 기계로 인간 지능을 지원하는 것은 질병 퇴치, 신약 개발, 엔지니어링 문제 해결에 활용될 뿐만 아니라 기후변화, 고된 노동으로부터 해방, 창의력 확장, 유용한 정보 공유, 심지어는 외롭고 거동이 불편한 이들에게 친구가 되는 등 다양한 문제 해결에 도움을 줄 수 있다.

그러나 우리는 AI 프로그램이 어떻게 학습하며, 프로그램 조각들이 전체적인 AI 시스템의 성능에 어떤 영향을 미치면서 전체적인 결과물을 내는지 완전히 파악하지 못한 상태이다. AI 프로그램을 설계할 때, 왜 의도치 않은 일이 발생하는지 아직도 잘 모르고 있다. 시스템이 예상치 못한 결과를 내는 것은, 어떤 유형의 프로그래밍 또는 데이터 분석 인터랙션 때문인가? 이러한 불확실성 때문에, AI 시스템은 너무 단순하게 프로그래밍 된 나머지 유용한 기능을 제공하지 못하면서 심각한 문제만 야기할 수도 있다. MIT 물리학자 맥스 테그마크(Max Tegmark)는 이와 관련된 재미있는 예시를 보여준다.[17] "말을 잘 듣는 지능형 자동차에 가능한 한 빨리 공항으로 데려가 달라고 해보자. 그 자동차는 말 그대로 명령받은 것만 수행하느라, 헬기에 쫓기고 토사물로 뒤덮인 길을 통과하면서 공항까지 갈 수도 있다." 하지만 그는 AI의 미래를 비관하지 않으며, 이를 효과적으로 통제할 수 있는 인간의 능력에 대해서도 비관하지 않는다. "인간은 불을 만들어냈으며, 수차례 사고를 쳤다. 그 경험을 토대로 소화기, 비상구, 화재경보, 소방서가 발명된 것이다"라고 그는 강조한다.

◎ ◎ ◎

　컴퓨터 기술은 인간과 동등한 수준의 지능을 지닐 수 있는 잠재력이 있다. 오늘날 우리가 상상할 수 있는 수준을 훨씬 뛰어넘는 디지털기기, 소프트웨어, 시스템, 네트워크가 구현될 수 있다. 하지만 여전히 풀리지 않는 의문이 있다. 기술 플랫폼과 디지털화의 악영향을 통제하려면 어떤 정책과 전략을 짜야 할 것인가? 특히 기술이 이미 개인의 생계, 사회적 관계, 정치 영역, 경제체제, 국제 관행에 끼치는 유해성은 심각하다. 이를 해결하기 위해서는 먼저 광범위하고 세분화된 관점에서 기술의 잠재적 위협을 충분히 검토할 필요가 있다. 그것만으로도 우리는 기술을 걱정거리가 아닌, 반드시 필요한 조력자로 만들 해결책을 찾아낼 수 있을 것이다.

제 4 장 ● ● ●

신뢰: 제도적 정당성의 위기

　어떤 사람을 알게 되면서 인생에 대한 생각이 완전히 바뀌는 순간이 있다. 나에게는 진 나이빙(Jin Naibing)을 만난 순간이 그랬다. 당시 진은 중국 상하이 근처 남동 지역에 위치한 쿤산(Kunshan)시 부시장으로 문화, 보건, 교육을 담당하고 있었다. 우리가 처음 만났던 2007년부터 진 부시장은 세계의 분열과 위험 및 영향에 대해 상당한 식견을 보여주었다. 한 번도 해외에서 생활한 경험이 없고 비교적 작은 도시에 대해 충성심이 강한 사람치고는 놀라운 수준이었다. 진 부시장은 세계적으로 사회제도가 실패하는 이유와 사회제도에 대한 불신의 원인을 명확히 분석해 냈다. 내가 곧 자세히 설명할 ADAPT를 완벽하게 반영하고 있었다. 진 부시장의 분석은 내가 사회제도를 깊이 연구하고, 사회제도를 통해 삶을 개선할 수 있는 방법을 고민할 수 있는 기반을 마련해 주었다. 그녀는 나와 마찬가지로 도시, 지역, 국가를 연계하고 발전시키는 데 있어 사회제도의 가치(특히 좋은 대학의 중요성)를 잘 알기에, 사회제도를 불신하는 현실을 개탄했다.

현재 50대 후반인 진 부시장이 성년이 되었을 때는 마오쩌둥(毛澤東) 집권 말기였다. 4인방과 그들이 주도한 문화대혁명이 한창이던 때로, 대학을 폐교하고, 책을 불태웠으며, 도시에서 사람들을 추방해 밭을 갈게 했다. 이를 위한 재교육 운동도 전개되었다. 비록 진 부시장이 그 시기에 대해 내게 말한 적은 없지만, 그녀가 지역사회를 대신해 밝혔던 사회·정치적 견해는 문화대혁명의 사상과는 정반대였다.

진 부시장은 비교적 가난한 가정에서 자랐다. 쿤산이라는 작은 도시는 농업과 가마에서 구운 공예품 산업에 의존하고 있었다. 그러나 진 부시장이 취임한 2003년 쿤산시는 제조업 기반의 전자제품 생산기지로 탈바꿈했다. 애플 제품을 만드는 폭스콘(Foxconn)의 생산 공장 등 무려 4000개가 넘는 공장들(대부분 타이완 기업)이 들어섰다. 공장에서 일하기 위해 중국 중부 시골 지역으로부터 쏟아져 들어온 이주민으로 쿤산의 인구는 급격히 증가했다.

진 부시장은 이러한 경제적 격동기를 쿤산이 세계 일류도시로 발돋움할 수 있는 절호의 기회로 보았다. 쿤산의 제조업이 풍족한 미래를 보장해 줄 것이라고 기대하는 것은 오판이라고 생각했다. 세계경제 상황은 변화하기 때문에, 주어진 기회를 활용해 시민의 삶의 질과 사회·경제적 여건을 개선하지 않는다면, 아무리 많은 공장이 들어서더라도 그 도시는 사실상 퇴보한다는 것이 그녀의 생각이었다. 이러한 사고방식은 그때나 지금이나 중국의 지방 공무원들에게서 찾아보기 어렵다. 공무원들은 지방의 경제 여건 개선에 보수적이거나, 자신의 공적을 다른 도시로 전근하기 위한 수단으로 사용하기도 한다. 그러나 진 부시장은 쿤산에 남다른 애착을 느꼈다. 지역사회와 주민들에 대한 충성심은 선택이 아닌 의무라는 신념 때문이었다.

2000년대 초 진 부시장은 네 가지 이니셔티브를 제안했다. 첫째, 이주 노동자를 위해 교육제도를 확대하고 주택 수를 늘려 이주민의 생활 수준을 쿤산 시민과 동등한 수준으로 개선하는 것이다. 당연히 그렇게 해야 한다고 생각했다. 둘째, 쿤산의 대표적인 미술관의 상층 공간을 이주민과 어린이들을 위한 작품 전시장과 공연장으로 활용했으며, 다양한 대회를 주최해 남동부 도시의 문화와 경제 수준을 높이고자 했다. 아이들의 창의성을 계발하기 위한 이와 같은 노력은 중국 교육제도 실패와 암기식 교육에 대한 치중을 보완하기 위한 것이었다. 중국의 타 지역에서 진 부시장의 정책과 유사한 새로운 교육법을 도입하려면 앞으로 10년은 더 걸릴 것이다. 셋째, 해외의 민간 병원을 유치해 현지 의료시설 수준을 향상시켰다. 넷째, 가장 야심 찬 프로젝트로, 미국의 명문 대학을 쿤산에 유치한 것이다.

내가 쿤산에 오게 된 이유가 바로 이것이다. 2007년 듀크대학교 학장이 되기 직전, 나는 MBA 신설 캠퍼스 부지를 물색하기 위해 중국을 둘러보고 있었다. 마침 대학을 유치하기 위해 진 부시장이 고용한 캐나다 컨설턴트가 이 소식을 접했고, 나에게 진 부시장을 만나보라고 제안했다. 내 소개를 들은 진 부시장의 반응은 나의 생각을 완전히 뒤바꾸어 놓았다. 쿤산에 미국의 명문대학 유치가 필요한 이유를 설명하면서, 사회제도 정당성의 위기를 통찰력 있고 능숙하게 예견했다. 당시는 중국에서 사회제도가 이제 막 싹튼 데 불과했던 시기다.

해외 대학 유치가 왜 중요한지에 대한 그녀의 분석은 미래를 내다보는 것이었다. 세계적인 문제로 인해 사회제도에 대한 불신이 증가하면서, 사람들은 사회제도를 자신과 무관하며 심지어는 악의적인 것으로 간주하고 있었다. 내가 세계 각지 사람들과 그들의 고민에 관해 대화를 나누기 몇 년 전부터, 진 부시장은 이미 독보적인 감각으로 ADAPT(전 세계 사람들이 직면한 명백한 문제)의 밑그림을 그리기 시작했던 것이다. 너무나 설득력 있고 신선한 내용이어서 나는 쿤산으로 미국의 경영대학원을 옮겨왔고, 그녀는 '듀크 쿤산'이라는 일류대학을 유치하게 되었다.

진 부시장이 사회제도가 실패했다고 주장한 것은 네 가지 부정적 현상에 대한 분석에 기인한다.

① 기술 발전으로 인한 부정적 영향: 기술로 인한 파괴적 변화는 쿤산과 개발도상국의 중위 도시에 곧 파괴적인 영향을 미칠 것이다. 쿤산 등의 중위 도시는 저렴한 고숙련 노동력을 기반으로 경제적 성장을 이뤘다. 그러나 AI와 로봇공학의 도입으로 일자리가 대체되면서 이러한 경제성장 모델은 매력을 잃었다(실제로 2016년 폭스콘이 로봇을 도입했을 때, 인력을 11만 명에서 5만 명으로 축소했고, 그 외 600여 개 업체들도 이와 비슷한 계획을 세웠다). 진 부시장은 상하이, 선전, 베이징과 같이 유수 대학이 많고, 자본력과 기술에 능통한 인력이 넘쳐나는 도시에 기술개발이 집중될 것이라고 우려했다. 일리 있는 분석이다. 기술로 인한 파괴적 변화는 쿤산 같은 도시의 경제를 받치고 있는 근간을 붕괴시킬 뿐 아니라, 시민들도 이류(second-class)로 전락시켜 수십 년 동안의 지역 성장과 발전이 무의미해지고 미래를 암울하게 만들 것이다.

제도적인 관점에서 보면, 쿤산의 기존 제도는 노동집약적인 대규모 산업 모델을 지원하는 데 사회·경제적 기반을 두고 있었다. 하지만 기술 발전으로 인한 파괴적 변화에 노출되면서 쿤산은 중국의 다른 거점 도시 대비 비교우위를 확보하기 위해 전면적인 재정비가 필요하다. 새로운 인프라를 설치하고, 기술에 능통한 인재, 벤처 투자가, 스타트업 사업가를 유치하며, 시민들의 역량을 강화하고 재교육을 실시하며, 진정한 스마트 도시를 설립하기 위해 포괄적인 전략이 필요할 것이다. 이에 진 부시장은 쿤산이 또 하나의 잊혀버린 지방 도시로 전락하지 않도록, 세계적인 21세기형 대학이 필요하다는 결론을 내린 것이다.

② 세계의 분열로 인한 부정적 영향: 새뮤얼 헌팅턴(Samuel P. Huntington)은 『문명의 충돌(The Clash of Civilizations)』에서 "탈냉전 시대에 깊이 내재된 문화적 (또는 종교적) 정체성이 세계 분쟁의 시발점이 될 것이다"라고 예견했다. 진 부시장과 나는 둘 다 이 주장에 공감한다.[1] 예를 들어 중국과 미국은 정치, 사회, 시민사회 구조에 대해 매우 다른 문화관을 가지고 있기 때문에 경제력과 정치력을 놓고 경쟁할 것이다. 국제기구가 이러한 균열을 조율하지 않으면 위기로 가득 찬 매우 불안정한 국제 정세를 초래할 수 있다. 진 부시장은 세계가 분열됨에 따라, 국가 간의 토론과 합의를 이루고 서로의 비교우위와 열위를 이해하는 데 조율자 역할을 할, 초국경적 기관이 반드시 필요하다고 보았다. 수십 년간 표현의 자유를 존중하고 보호해 온 듀크대학교가 중국에서도 같은 역할을 해줌으로써 표현의 자유가 억제된 곳에서 대학을 통해 열린 대화가 활성화될 수 있기를 바랐다. 또한 듀크대에 재학 중인 미국 학생들이 중국의 생활과 풍습·신념·정치 등에 대해 정확하고 균형 잡힌 시각을 갖출 수 있기를 기대했다. 즉, 진 부시장의 목표는 젊은 세대가 세계 주요 국가의 사회적 차이점을 이해하고 다양성을 존중할 수 있도록 양성하는 것이었다.

③ 인구통계학적 변화로 인한 부정적 영향: 진 부시장이 세 번째로 고려한 것은 쿤산이 듀크대를 필요로 하는 이유보다 듀크대가 쿤산에 캠퍼스를 설립해야 할 이유였다. 그녀는 인구통계학적 변화가 전 세계 교육 시스템에 상

당한 부담으로 작용할 것이라고 했다. 미국, 유럽, 캐나다, 호주에서는 인구가 고령화되고 있으며, 대학에 지원하는 자국 학생 수가 감소하고 있었다. 이에 따라 대학은 운영비를 충당하기 위해 외국인 입학생들에 의존하게 되었다. 진 부시장은 이 전략이 결국 실패할 것이라고 믿었다. 해외의 교육제도가 개선되고 민족주의가 뿌리를 내리면서, 선진국 대학을 찾는 외국인 학생들이 줄어들 것이기 때문이다. "세계 최대 인구국이자 다양한 매력이 있는 중국에 캠퍼스를 개설하는 것은 일류대학들이 직면한 학생 부족 문제를 해소하는 데 도움이 될 것"이라고 진 부시장은 말했다. 인구통계학적 변화로 인해 기존의 부실한 사회제도가 직면할, 광범위한 문제점을 지적하고 있는 것이다. 교육제도의 규모 대비 인구가 너무 적거나 많은 상황이 발생한다. 사회의 기본적인 서비스와 제도 유지 비용을 충당하기 위해 필요한 납세자가 점점 줄어들고 있다. 청년층이 폭발적으로 증가하는 지역에서도, 공공 및 민간 부문의 일자리 창출 사업은 고소득 일자리에 대한 수요를 충족시키기에 역부족이다.

④ 제도적 관성: 어쩌면 가장 중요한 것은, 진 부시장이 사회제도를 긴밀히 분석해 오면서, 중국의 교육제도가 현재 구조로는 국가경쟁력 양성에 필요한 변화를 도입하기 어렵다는 문제의식을 갖게 된 것이다. 현행 제도는 구소련식 교육 접근법을 바탕으로 한 것으로, 여전히 그 특징을 많이 반영하고 있다. 기본적으로 대학의 역할은 중공업 분야의 공기업이나 정부 지도자가 원하는 사업을 추진할 인력을 양성하는 것이었다. 미래는 과거와 완전히 다른 모습일 텐데도, 중국의 교육제도는 상당히 과거 지향적인 모습이었다.

진 부시장은 중국의 교육제도가 세계를 분열시키는 세력에 효과적으로 대응하려면, 무엇을 어떻게 가르치고 연구할지에 대한 전반적인 개혁이 필요하다고 보았다. 창업, 기술, 서비스 산업에 적합한 인재, 특히 의료·분석·환경 외에 생물학과 재료공학 등 급속히 발전하는 분야를 중심으로 전문성을 갖춘 인력을 양성해야 할 것이다. 진 부시장은 듀크대가 중국 대학의 혁신을 위한 촉매제가 되기를 기대했다. 중국 학생들이 새롭고 역동적인 기술의 세계를 개척하고 혁신하는 데 필요한 지식·도구를 습득하도록 우수 사례를 만들고, 중국의 다른 대학들도 이를 보고 변화하기를 희망했다. 다행스럽게도 해외 대학 규제를 담당하는 중국 교육부 차관도 그러한 혁신 필요성에 공감하고 있었다. 듀크대가 중국과 맺은 협약에는 대학의 학문적 기준과 자유가 미국에서와 동일하게 운영되도록 다양한 정책을 포함시켰다. 중국 대학들이 새로운 세계에 눈을 뜨게 한 혁신적인 사례였다.

진 부시장은 사회제도와 세계의 부정적 현상에 대해 매우 놀라운 혜안을 보여주었다. 특히 그녀가 이런 생각을 하게 된 것은 이미 오래전부터였다. 즉, 경제 붕괴로 인한 세계 분열, 네오포퓰리즘(Neo-populism)의 등장, 10년에 걸친 불균형 심화, 세계의 공익을 위한 정책에 근간한 합의 붕괴, 미·중 간 갈등 고조, 무역전쟁 발생, 중국과 미국의 고령화로 인구 변화의 위협이 발생하기도 전이었기에 더욱 놀라지 않을 수 없다. 진 부시장은 대학이 단순히 학위를 수여하는 것을 넘어 가치 있는 공공의 이익에 기여할 수 있는 방법을 제시함으로써, 사회제도가 변화하는 정세와 상황에 맞게 역동적으로 대응할 것을 요구했다. 전통적인 시민사회의 규범을 보호하면서도 사회 변화에 따라 시민들이 더 나은 방향으로 역할을 재정립할 수 있도록 돕는 것이다.

진 부시장은 세계의 사회제도가 경직되는 것을 가장 두려워했으나,

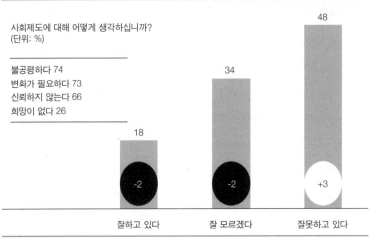

그림 4-1 사회제도가 역할을 잘하고 있다고 생각하는 응답자 비율

사회제도에 대해 어떻게 생각하십니까?
(단위: %)

불공평하다 74
변화가 필요하다 73
신뢰하지 않는다 66
희망이 없다 26

18   34   48

-2   -2   +3

잘하고 있다   잘 모르겠다   잘못하고 있다

자료: 2020 에덜먼 신뢰도 지표 조사.

안타깝게도 이는 현실이 되었다. 사회를 위한 모든 제도와 기관들(국제질서, 정치, 보건, 금융, 법률, 치안, 조세제도, 언론)은 위기에 처해 있다. 이러한 위기의 가장 직접적인 증거는 2020년 에덜먼 신뢰도 지표 조사(〈그림 4-1〉)에서 확인할 수 있다. 26개국의 기관과 사회·정치 제도에 대한 신뢰도를 조사한 결과, 사회제도가 원활히 작동하고 있다고 답한 응답자는 5명 중 1명이 채 되지 않았고, 전체 응답자의 4분의 3 정도가 자신이 살고 있는 사회가 불공평하며, 변화가 필요하다고 느끼고 있었다.

사회제도는 상반된 요구에 제대로 부응하지 못하고 있다. 일반적으로, 제도가 변화에 민감하게 반응하지 않는 것이 사회 기능에는 효과적이다. 예를 들어 안정적인 경찰 인력이 없다면 치안을 유지할 수 없다. 안정적인 금융 시스템이 없으면 조직, 제품, 서비스를 만들 수 없고, 사업을 운영할 수 없다. 안정적인 조세제도가 없으면 정부는 나라를 운영할 재원을 확보할 수 없다. 안정적인 교육 시스템이 없으면 국민들은 학습을 통해 성장하고 사회에 적응할 수 없다. 전통적으로 사람들이 제도를 신뢰하고 의지하는 것은 제도 운영에 따른 안정성 때문이다.

하지만 지금 상황은 기술로 인한 파괴적 변화, 경제적 불확실성, 냉소적이고 허위적인 정치운동, 인종적·사회적 분열, 학교가 학생들이 필요로 하는 교육을 제공하고 있는지에 대한 의문, 사회제도로 인한 시민 소외에 대한 우려 등 많은 문제점이 야기되고 있다. 그러한 상황에서 사회제도는 더 기민하게 대응하고 변화함으로써 이 같은 부정적 영향을 최소화해야 한다. 소셜미디어의 가짜 뉴스로 변질된 정치 담론이 민주주의와 공정 선거를 훼손하는 것을 그대로 두고 볼 것인가? 국민의 수호자인 경찰이 오히려 강압을 행사했다고 시민들이 주장하는 경우(사실 여부는 제쳐두고), 경찰은 투명성에 대한 요구를 무시할 수 있을 것인가?

사회제도에 주어진 과제는 그들이 지원해야 할 사회에서 불안감을 조성하지 않고 신속하게 변화하면서도, 제도적 안정성의 핵심인 감독 기능을 훼손시키지 않는 것이다. 사회제도의 변화가 너무 빨리 또는 잘못된 방향으로 진행되면, 시민들을 지원하기 위한 제도가 오히려 그들의 권리를 박탈하는 결과를 낳을 수 있다. 반대로 변화 속도가 너무 더디면 사회와 동떨어질 수밖에 없다. 이 어려운 균형점을 찾기 위한 사회제도의 노력(더 정확하게는 균형을 이루는 데 실패한 것)을 면밀히 살펴보기 위해, 기술의 시대에 제도적 실패가 사회제도에 어떤 영향을 주고 있는지 자세히 분석해 보기로 한다.

기술로 인한 파괴적 변화: 언론의 쇠퇴

실질적인 개입이 없으면, 사회제도는 기술 기반 세계에서 적응에 실패하거나 기반이 약화된다. 제1장에서 언급한 언론의 위기에 대해 생각해 보자. 언론의 정확성은 항상 논란의 대상이 되어왔지만, 적어도 식민지 시대 이후, 그리고 에드먼드 버크(Edmund Burke)와 같은 제도주의자의 영향력 확대로 인해 사회에서 언론의 본질적 역할은 대중에 대한 정보 제공이라고 인식되어 왔다.[2] 대중이 정보를 얻지 못한다면, 민주주의는 번영할 수 없다. 민주주의 제도에서 대중은 국가의 미래를 결정할 수 있어야 하는데, 정확한 정보 없이는 올바른 선택을 할 수 없기 때문이다. 문제는 언론의 공정성을 신뢰하는 사람이 많지 않다는 것이다. 예를 들어 미국 퓨 파운데이션(Pew Foundation)의 설문조사에 따르면, 언론은 대중의 이익을 위해 존재한다는 민주당 지지자 비율이 공화당 지지자 대비 46% 나 더 높았다. 더 놀라운 것은 언론의 보도를 신뢰한다는 응답자는 공화당 지지자가 16%인 반면, 민주당 지지자는 91%로 월등히 높았다.[3]

다시 말해 오늘날의 언론은 인구의 50% 그것도 특정 정치적 성향을 가진 50%을 위해서만 공익적 역할을 하는 것으로 인식되고 있다. 유럽에서도 비슷한 결과가 나왔다. 언론에 대한 신뢰가 가장 낮은 계층은 스스로를 중산층으로 여기는 그룹, 그리고 북유럽 국가 대비 경제적 수준이 낮은 남유럽 국민들이었다. 또한 정부를 지지하지 않는 사람들은 언론이 정치 문제를 공정하게 보도하지 않는다고 생각한다.

이를 고려하면, 모닝컨설트(Morning Consult)의 조사 결과가 수긍이 간다. 미국에서 양극화를 야기하는 상위 브랜드 15개 중 12개가 미디어 기업이라는 것이다.[4] 그중 비(非)미디어 기업은 트럼프 호텔(Trump Hotel), 스미스 & 워슨(Smith and Wesson), 나이키(Nike)뿐이다. 1, 2위 기업은 누구나 쉽게 예상할 수 있듯이, 바로 CNN과 폭스뉴스(Fox News) 이다. 미국에서는 이 두 언론사의 뉴스 보도에 노출되지 않을 수 없기 때문에, 언론사마다 성향이 상당히 다르다는 것을 쉽게 알 수 있다. 내가 대화를 나눴던 사람들 중에는 서로 다른 정치 성향 때문에 배우자, 부모, 자녀, 형제자매와 갈등을 겪는 경우도 있었다. 주로 어디에서 뉴스와 정보를 얻는지 물어보니, 아예 정보를 얻는 출처부터 달랐다. 예외 없이, 한 명은 폭스뉴스를, 다른 한 명은 CNN을 본다. 나는 그들에게 좀 더 중립적인 매체를 찾아, 거기에서 얻은 정보를 가지고 토론을 해볼 것을 권했다. 그러나 대부분은 중립적 매체를 찾지 못한다.[5] 미디어가 절대적인 의미에서 '중립적'일 수 있다고 믿는 것은 순진한 생각이지만, 균형 잡힌 저널리즘과 편향적이지 않은 보도는 매우 빠른 속도로 사라지고 있다.

언론 양극화는 서로 연결된 세 가지 요인을 통해 확인할 수 있다. 첫째, 균형 잡힌 언론 보도를 위해 만든 규제가 완화되고 있다. 둘째, 언론의 진입장벽이 낮아지면서 웹, TV, 라디오, 팟캐스트 등 수십 개의 새로운 정보 채널이 생겼고, 이로써 정치 성향에 따라 선택할 수 있는 옵션이 상당히 많아졌다. 세 번째는 상업적인 기회이다. 새로운 언론사와 기존 언론사의 수익 전쟁에서 승자가 되려면, 정보를 찾는 눈과 귀를 사로잡아 방대한 청중을 모아야 한다. 이러한 환경에서는 설득력 있고 매력적인 영업 전략이 있어야 다수의 팔로워를 찾아 지속적으로 보유할 수 있다. 앞서 설명한 바와 같이, 이미 알고 있는 '사실'에 의문을 제기하는 것이 아닌, 정치적 신념을 재확인해 주는 반향실(echo chamber)과 같은 언론을 사람들은 추종할 수밖에 없다.

세계의 균열: 다자 기구의 붕괴
세계 각국은 서로 간극을 좁히기 위해 노력하기보다는 사회적·문화적·정치적 차이를 방어하기 바쁘다. 이렇게 싹트는 국가적 편협주의로 인해 세계는 서로를 용납하지 않는 수십 개의 조각으로 분열되고 더 심각한 문제의 불씨가 된다. 초국가적 차원의 문제 해결에 필요한 글로벌 기구의 협력이 저하된다는 것이다. 이러한 분열은 분명 현재진행형이다. 과거 G7과 G20 회담은 세계 문제를 해결할 수 있는 비공식 수단으로서 의미 있는 역할을 한 바 있다. 그 역할이 가장 빛났던 시기는 2007~2008년이다. 금융시장 붕괴 후 세계 금융 질서를 바로잡기 위해 G20 재무장관들이 컨센서스에 따라 선의를 모아 협력했다. 그러나 최근 G-레벨 회의는 다양한 국가와 리더들이 모여 기후변화, 무역, 기타 긴급한 사안 등 글로벌 어젠다를 논의하기보다는 오히려 자국의 이익을 추구하는 장이 되어 역할을 제대로 하지 못하고 있다.[6] G-정상회담은 여러 면에서 포퓰리즘, 민족주의, 정치적 양극화 확대에 일조했고, 이로써 점점 제 기능을 하지 못하고 있는 것이다.

오늘날 궁지에 몰린 다자주의 기구는 G20뿐만이 아니다. 2016년 남아프리카공화국은 국제형사재판소(이하 ICC)에서 탈퇴했다. ICC는 대량학살, 전쟁 범죄 등 국제 위법 행위를 기소하기 위해 결성된, 무려 20년의 역사를 지닌 기구이다. 브룬디, 감비아, 러시아도 뒤를 이었다. WTO는 20년 동안 공들여 온 세계무역 자유화를 위한 도하개발어젠다(Doha Development Agenda)의 합의를 도출하는 데 실패했다. 아마도 가장 대표적인 사례는 브렉시트일 것이다. 2019년 영국에서는 확실한 반(反)EU 노선의 보수당이 총선에서 압승하면서 3년간의 불확실성을 종식하고 영국 정부의 EU 탈퇴 계획을 가속화했다. 이것은 일부에 불과하며, 그 외에도 수많은 사례가 존재한다.

다자 기구는 자발적 성격을 띠기 때문에, 성공을 위해서는 두 가지 조건이 필요하다. 소속된 모든 관계자가 결정 사항을 따르고, 설립 목적에 맞는 기능을 수행해야 한다.[7] 하지만 요즘은 이 둘 중 어느 하나도 잘 지켜지지 않는다. 파리기후변화협약(Paris Climate Accord)을 준수하는 국가는 2개국에 불과하다. 또한 UN 안전보장이사회의 거부권 행사는 지난 5년 동안 1990~2000년까지의 10년 기간 대비 2건 더 발생했고, 2000~2010년 대비 불과 2건 줄었다. 핵확산금지조약을 완전히 무시하는 국가도 많다.

양극화로 인해 다자주의 기구를 유지하는 것은 점점 어려워지고 있다. 국가의 리더들이 자국의 이익 추구에 급급한 나머지 글로벌 차원의 공공 이익은 무시하고 있기 때문이다. 가장 불편한 사실은 기후변화, 전염병 관리, 핵확산, 무력 충돌, 무역과 일자리 창출 방안 등 전 세계적 협력으로 풀어야 할 사안들이 여전히 존재한다는 것이다. 이러한 사안들은 효과적인 다자 기구 없이는 영원히 해결되지 못할 것이다.

인구통계학적 딜레마: 교육의 허점

인구통계학적 추세는 교육제도에 상당한 영향을 미치고 있다. 인구 증가세가 둔화된 선진국의 경우, 세수가 줄고 대학 지원자 수가 줄어 교육기회 개선을 위한 재원이 감소했다. 경제 수준이 상대적으로 낮은 국가에서는 청년층 비율이 급증하고 있으며, 초등학교부터 양질의 교육 프로그램 도입이 그 어느 때보다 시급한 상황이다. 하지만 교육 프로그램을 개발할 예산과 역량이 부족하다.

사실 교육제도는 사회에 필수적이지만, 이미 오래전부터 기대에 미치지 못하고 있다. 그 결과는 오늘날 더욱 위협적이다. 예를 들어 까다로운 조건을 모두 충족해 장학금을 받지 않으면, 최고의 사립 초·중·고등학교와 대학은 일반인들이 다니기 어렵다. 부유층 자녀들이 누리는 혜택은 대학원에서도 마찬가지다. 최상의 기회를 제공하는 대학은 부유한 학생들의 입학률이 훨씬 더 높다. 악순환으로 인해, 경제력이 있으면 양질의 교육 기회를 얻고 좋은 성과를 낼 수 있다. 상위 1% 가정의 자녀들이 더 많은 부와 교육 기회를 누릴 수 있게 되는 것이다.

이 악순환의 고리를 끊기 위해서는 초등학교부터 고등학교, 대학교까지 공교육을 지원할 수 있는 충분한 예산이 필요하다. 하지만 이는 사실 불가능한 일이다. 교육제도와 마찬가지로 위기에 직면한 조세제도 때문이다. 현행 과세 형태와 수준에서는 교육과 같은 중요한 사회제도에 투자할 재원이 급격히 감소하게 된다. 현재 대부분 국가의 조세 정책은 부유층에 유리하게 되어 있으며, 상위 1%의 납세액이 나머지 인구의 납세액보다 훨씬 적다. 이는 20세기 중반의 납세 비율과 큰 차이를 보이며, 빈부격차에 따라 더욱 악화되고 있다.

또 다른 문제는 경제 피라미드 하부계층의 소비 또는 부가가치세의 부담이 더 크다는 것이다. 저소득 계층은 소득 대비 소비 비율이 높기 때문이다. 재산세 또한 부유층에 유리하다. 일반적으로 이들은 고가의 부동산을 소유하고 있기 때문에, 전체 자산 대비 부동산 한 채의 비율은 일반 주택 보유자보다 훨씬 낮다.

정부가 필요한 세수를 확보하기 위해 저소득 계층에 과도하게 의존함에 따라, 여러 단위에서 정부의 현금흐름이 부족한 상황이 발생하고 있다. 실제로 2000년 이후 캐나다, 덴마크, 핀란드, 아일랜드, 이스라엘, 노르웨이, 스웨덴, 미국의 GDP 대비 세수는 감소했다.[9] 세수 감소에 따라 교육 및 인프라 개선, 재교육(upskilling) 등의 공공서비스에 투입할 예산이 부족해졌다. 역진세(regressive tax)는 명목상으로든 실제로든 결국 경제력에 따른 갈등을 야기한다. 필요한 것은 무엇이든 살 수 있는 계층과 대학 등록금조차 마련하기 힘든 계층 사이에 적대감이 생긴다. 교육의 관점에서는 세수가 부족하면 충분한 교육을 제공할 수 없기 때문에 학생들은 경제성장을 이끄는 데 필요한 기술혁신, 조직 변화, 문화적 창의성에 기여할 역량을 갖추지 못하게 된다. 경제는 쇠퇴하고, 세수도 함께 감소한다.

공립 대학에 투입할 충분한 재정이 없는 경우, 한 가지 대안은 등록금을 인상하는 것이다. 그러나 인구통계학적 위기 때문에 이제는 실행하기 어렵다. 서구 국가에서는 인구 고령화로 자국 학생 수가 감소하고 있기 때문에 더욱 그렇다. 등록금 인상은 수요 감소에 대한 해결책이 될수 없다. 세계화로 형성된 국제관계가 서서히 분열되면서, 해외 학교에지원하는 외국인 학생 수는 줄어들고 있다. 실제로 정부의 민족주의적이민정책 때문에 외국인 학생의 지원이 제한되는 경우도 있다. 가장 중요한 것은, 공립대학의 등록금 인상은 어떠한 경우에도 좋은 방법은 아니라는 점이다. 등록금 인상은 교육이 가장 필요한 학생들에게 타격을준다. 취약계층의 학생들은 등록금 인상으로 인해 아예 기회를 얻지 못하거나, 학업을 위해 막대한 대출을 받아 졸업 후 경제적으로 더욱 어려운 상황에 놓이기 때문이다.

마지막으로, 대학은 성인의 평생학습을 위한 과정을 개발함으로써예산 부족 문제를 해결할 수 있을 것이다. 특히 기술로 인한 파괴적 변화의 시대에 재교육은 많은 이에게 필수가 되고 있다. 그런데도 이와 같은 새로운 수요층에 관심을 기울이는 학교는 거의 없으며, 대형 교육기관들은 빠르게 변화하지 못하고 있다. 진 부시장처럼 급진적 변혁을 위해 노력하는 리더가 있는 운 좋은 대학들은 많지 않다.

◎ ◎ ◎

사회제도는 원활하게 작동할 때 우리를 더 강하게 만들며, 사회의 기능을 원활히 할 사회적 재화와 필수적인 서비스를 제공한다. 그러나 지금은 위기에 처해 있다. 민간기업이었다면 구조조정 등의 조치가 이루어지도록 그대로 두었을지 모른다. 하지만 사회제도는 사회를 움직이는 기본적이고 필수적인 틀이기에 그럴 수만은 없다. 사회제도의 실패 가능성이나 심각한 기능적 문제로 인한 위기는 지방·지역·국가 단위에서 담당자들이 함께 해결해야 한다. 소 잃고 외양간 고치는 일이 없도록 해야 하는 것이다. 사회제도가 제대로 기능하지 않음을 깨달았을 땐 이미 너무 늦었을지 모른다.

제 5 장

양극화: 리더십의 위기

리더 양성은 나의 업무에서 상당히 큰 부분을 차지해 왔다. 지금은 전략 및 리더십 개발 업무를 하고 있고, 그 전에는 CEO 과정 분야에서 세계적으로 유명한 듀크 코퍼레이트 에듀케이션(Duke Corporate Education)을 설립하고 운영해 왔다. 그런데 이 책의 주제를 보면, 나를 포함한 리더 양성 전문가들이 실패했다는 생각이 든다. 우리는 세계화가 불러올 심각한 부작용을 간과했고, 새로운 세계질서가 현실성을 잃고 곧 사라질 것임을 예상하지 못했다. 또한 이러한 부작용 때문에 미래의 리더들이 모든 면에서 과거와는 다른, 대응하기 어려운 세상을 마주할 것임을 깨닫지 못했다.

ADAPT의 다섯 가지 구성 요소(불균형, 파괴적 변화, 고령화, 양극화, 신뢰) 중에서 리더십에 가장 큰 영향을 미치는 것은 바로 양극화이다. 여기서 말하는 양극화는 사회 각계각층에서 발생하는 분열과 소외로 인한 글로벌 컨센서스의 붕괴, 민족주의의 확대, 국가 및 지역 간 갈등이라는 세 가지의 상호 연관된 현상을 가리킨다. 이 세 가지 요인은 글로벌 협력을 가능하게 했던 국제기구의 영향력을 저하시켰다. 또한 편협한 지역주의와 가스라이팅(gaslighting)에 기반을 둔 분쟁정치를 출현시켰다. 포퓰리즘 지도자들은 권력을 유지하기 위해, 국내의 반대파를 포함해 타 집단은 신경 쓸 가치가 없으며 그들이 자신의 삶을 파괴한다는 주장으로 유권자를 설득한다. 세계주의(globalism)를 추종하는 지도자들은 미래에 대한 희망이 없는 국민들의 합리적인 우려까지도 묵살해 버린다.

경직된 환경에서 양극화와 그에 따른 냉소주의를 해소하고 긍정적인 영향력을 끼칠 수 있는 리더는 많지 않다. 그러한 리더는 영향력을 발휘할 수 있는 모든 곳에서 삶의 질을 개선하고 삶을 풍요롭게 하는 것이 자신의 역할이라 생각한다. 협업, 청렴, 정직, 선의의 행동으로 구성원 간 교류를 증진하고 개인의 성장을 돕기 위해 노력한다. 반면, 자칭 리더라는 사람들은 대부분 아무리 그 의도가 좋다고 해도, 세계화가 절정이었던 시절의 구시대적 사고방식에 갇혀 있다. 2030년까지 인류가 치명적 결점을 극복하기 위해서는 아이디어, 인재, 기업, 정치를 효과적으로 관리할 수 있는 리더가 필요하다. 이런 점에서 우리는 그 어느 때보다도 중요한 임무를 맡고 있다. 전략적인 혁신 역량과 정치적 감각이 있는 리더, 다양한 인간적 소양(영웅성과 겸손함, 또는 지역 지향적이면서도 글로벌한 세계관)을 갖춘 새로운 유형의 리더를 양성해야 하기 때문이다(관련된 리더십 속성은 제12장에서 더 자세히 다루기로 한다).

양극화로 인한 리더십의 위기는 사실상 세계를 마비시켰고, 국내외에서 우리의 미래를 위협하는 중요한 문제들을 해결할 수 없게 만들었다. 리더십이 양극화에 미치는 직접적인 영향은 기후변화 문제에서 가장 잘 드러난다. 기후변화는 기술 확산으로 인해 발생한 또 다른 위기다. 과학자들은 기후변화에 대처하지 않는다면 수많은 생물이 멸종될 것이고, 특히 해양 및 산호 생태계가 파괴되며, 해수면 상승으로 해안 저지대가 침수되고, 기상이변과 극한 가뭄으로 농작물 손실과 산림파괴가 불가피할 것이라고 한목소리로 주장하고 있다.[1] 또한 대부분의 과학자들은 우리가 향후 10년 내에 기후변화에 대응하지 않으면 돌이킬 수 없는 피해가 발생할 것이며, 북극의 메탄가스 방출과 같은 자연재해가 가속화될 위험이 있다고 경고한다. 대기 중 온실가스는 점점 늘어날 것이다.[2]

기후변화는 이 책에서 설명한 다른 위기와 마찬가지로 ADAPT의 모든 요소를 악화한다. 먼저 기후변화는 세계 최대 빈곤 지역과 각국의 최고 빈곤층에 가장 큰 타격을 주기 때문에, 빈부격차의 위기는 더욱 심화된다. 적도 지방의 가뭄 피해가 가장 크며, 최빈국 중 일부는 심각한 저지대에 위치해 있어 해수면 상승 시 침수 위험이 있다. 부실하게 지은 가옥은 허리케인과 토네이도에 더욱 취약하다. 이 모든 것은 우연은 아니다. 가장 부유하고 가장 영향력 있는 계층이 가장 비옥하고, 살기 좋고, 재해로부터 안전한 땅을 선택했기 때문이다. 설령 재해가 닥치더라도, 부유층은 가뭄과 사막화가 진행되는 곳을 떠나 다른 곳으로 이주할 수 있는 경제적 여력이 있다. 하지만 빈곤계층은 어쩔 수 없이 계속 살아갈 수밖에 없다(〈지도 5-1〉).

기후변화는 여러 분야에서 제도적 정당성의 위기에도 영향을 끼친다. 먼저 금융 시스템의 경우, 보험회사는 상당한 손실을 입게 될 것이다. 기후와 기상 문제로 대규모 연체가 발생할 수 있는 리스크가 있으나, 주택담보대출 취급 기관들은 이를 충분히 감안하지 못한 상태다. 정부는 긴급구호, 강제 이주, 기후변화 영향 등으로 인해 예산 확보에 대

지도 5-1 2025년 물 부족 전망

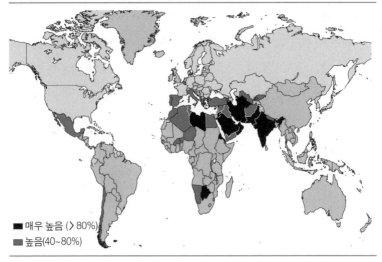

■ 매우 높음 (> 80%)
■ 높음(40~80%)

자료: WRI Aequeduct, www.wri.org/aqueduct(검색일: 2020.1.29). 빌 넬슨 수정.

한 부담이 커질 것이다. 이와 같이 기후변화는 파괴적·포괄적·실존적인 위협까지 야기한다. 따라서 기후변화에 대처하기 위해 전 세계의 리더들이 공동으로 대응해야 한다는 데는 논란의 여지가 없다. 하지만 모두가 알다시피 현실은 이와 거리가 멀다. 양극화로 야기된 네 가지 부작용으로 인해 과학적 정보를 기반으로 한 효과적인 기후변화 리더십은 힘을 발휘하지 못하고 있다.

① 전문가 의견 불신
② 사실 정보의 양극화
③ 우선순위의 양극화
④ 글로벌 컨센서스의 붕괴와 민족주의

전문가 의견 불신

기후변화는 현실이며 그 위험을 경시해서는 안 된다. 이미 수백 가지 연구 결과로 입증된 압도적인 과학적 증거가 있음에도, 전 세계의 많은 사람들은 그 결론을 부정하고 있다. 이는 양극화의 직접적인 결과라고 할 수 있다. 아무리 사실과 데이터에 근거한 주장이라 하더라도 나와 다른 편에 있는 사람이 전문적 의견을 내놓으면, 그것을 거부하도록 종용한다.

기후변화 문제는 특정 정치 성향을 가진 사람들이 이를 묵살하는 경향도 있지만, 오늘날에는 정치적 스펙트럼의 양극단에 전반적인 확증편향이 팽배해 있다. 오하이오주립대학교 언론홍보학과의 에릭 니스벳(Erik Nisbet)과 동료 학자들은 광범위한 연구를 통해 "보수당과 공화당 모두, 자신들이 듣기 싫은 과학적 사실에 대해서는 부정적으로 반응한다. 이것이 과학계에 대한 신뢰를 떨어뜨리고 있다"라는 결론을 내렸다.[3] 예를 들어 '월마트가 회사의 유통망을 활용한 대규모 에너지 절약 캠페인을 자체적으로 시행해, 소비자들이 백열등에서 LED로 바꾸도록 하는 데 성공했다'는 것을 미국의 진보주의자들이 믿게 만들려고 했다. 하지만 전구당 온실가스가 80% 감소했다는 근거를 제시했는데도 좌파 사람들은 "월마트가 돈을 주고 그런 소문을 내도록 시켰을 것이다. 환경을 파괴하는 일밖에 안 하는 기업이니까"라는 반응을 보였다.

그레그 루키아노프(Greg Lukianof)와 조너선 하이트(Jonathan Haidt)는 저서 『나쁜 교육(The Coddling of the American Mind)』에서 언급한 바와 같이, 위화감을 느끼게 할 수 있는 표현과 개념을 대학 내에서 사용하지 못하게 하는 운동(요즘 용어로 '안전지대를 만드는 것')이 오히려 확증편향을 만들어낸다고 지적한다.[4] 특정 개념이나 주장을 처음부터 틀린 것으로 간주한다면, 어떻게 다양한 대화가 가능하겠는가? 서로 다른 의견을 가진 사람들의 얘기를 들어보고 설령 그 결론이 다소 불편하더라도 대화를 통해 좀 더 광범위한 합의에 도달해야 하는데, 그 가능성을 모두 닫아버리는 것이다.

사실 정보의 양극화

소셜미디어는 사실 양극화의 가장 큰 원인이다. 반향실과 같은 역할을 하면서 개인의 신념에 부합하는 정보만 보게 만든다. 필터링 또는 사실 확인이 되지 않은 채 선호도 기반 알고리즘에 따라 사용자에게 떠먹여 주는 것이다. 그렇기 때문에 아무리 전문가의 주장이라 하더라도, 소셜미디어에 배포된 정보와 일치하지 않으면 불신한다.

루키아노프와 하이트는 이 모든 것이 '선과 악의 전쟁'이라는 최근의 현상이라고 설명한다. 미국 정치계에서는 양극화로 인해 반대 의견을 가진 사람은 무조건 '악당'으로 간주하기에, 양당 간의 의견을 조율하기 어려워진다. 마찬가지로 기후변화 문제를 해결하려면 수많은 복잡한 협상이 필요한데, 말을 꺼내는 것조차 '반대편'의 일원으로 비춰져 묵살된다면 리더들이 어떻게 논의를 시작할 수 있겠는가?

우선순위의 양극화

2019년 초 내가 파리에 머무르고 있을 때, 프랑스 에마뉘엘 마크롱 (Emmanuel Macron) 대통령이 기름값을 소폭 인상하자 대규모 시위가 일어났다. 노란 조끼 시위대가 기름값 인하를 요구하며 거리로 뛰쳐나왔고, 결국 그들이 이겼다. 나는 우리가 기후 문제를 해결하려고 할 때도 비슷한 상황이 벌어질 것으로 본다. 노란 조끼 시위대와 그 지지자들의 불만은 매우 일리 있는 것이었다. 파리의 집값은 주요 도시들과 마찬가지로 폭등했다. 물건 수리, 음식 서빙, 계산 등의 일을 하는 생계형 근로자들은 한참 외곽으로 나가야만 예산에 맞는 집을 구할 수 있다. 파리까지 통근을 해야 하기 때문에 휘발유 가격이 조금만 오르더라도 생활에 큰 타격을 받는다.

기후 문제를 해결하기 위한 조치는 대부분 단기적으로라도 이와 유사한 상황을 야기할 수 있다. 그리고 다른 문제들을 심화할 것이다. 새로운 에너지원으로 전환하는 비용은 빈곤층에게 전가되어 빈부격차가 확대될 것이며, 에너지 업계의 일자리가 저탄소 연료의 생산 산업으로 전환되면서 상황이 악화될 것이다. 고령화 국가에서는 연료세 폐지로 세수가 줄어들면서 이미 바닥난 국가재정에 추가로 부담을 줄 것이다. 반면 젊은 인구 비율이 높은 국가의 경우, 다른 국가들이 성장전략으로 삼았던 저렴한 에너지원 기반의 급속한 산업화가 아닌, 새로운 일자리 창출 방안을 모색해야 할 것이다.

양극화된 세계에서 사람들은 자신의 우선순위를 타협 불가능한 것으로 여긴다. 대안을 제시하는 즉시 전투태세로 전환하며, 모두 자신이 가장 힘들다고 생각한다. 기후변화와 같은 실존적 위협에 대한 해결책을 마련하기 위해서는 다양한 이웃과의 협업과 희생이 필요하나 이를 모두 거부하고 있다. 따라서 기후변화를 해결하고자 하는 리더의 과제는 이러한 비용을 어떻게 해결할 것인지를 고민하고, 우선순위에 대해 사람마다 서로 견해가 매우 다름을 이해하는 것이다.

글로벌 컨센서스의 붕괴와 민족주의

이해를 돕기 위해 기후변화를 비상사태로 선포한 국제기구를 살펴보

자. 다양한 지자체의 수장, 여러 UN 기관, 수십 개의 글로벌 과학 협회, NGO 등 그 종류는 많고 다양하다. 그러나 이 중 혼자 또는 힘을 합쳐서라도 기후변화 문제를 근본적으로 해결할 능력이 있는 단체는 없다. 결국 민족국가(nation-state)만이 온실가스 배출 제한 등 필요한 규제 도입을 통해 문제를 해결할 수 있다.

2016년 파리협정을 통해 국가별로 지구 온도 상승폭을 일정 수준으로 유지하는 목표를 설정하면서 지구온난화에 대응하기 위한 첫걸음이 시작되었다. 그러나 이 목표는 자발적인 것으로, 만약 강제적이었다면 받아들여지지도 않았을 것이다. 파리협정에 서명한 나라들 중 일부만이 목표를 달성하고 있다. 모로코와 감비아만 해도 온도 상승폭을 산업화 이전 대비 1.5℃ 높은 수준을 유지해 왔으며, 5개국이 온도 상승폭을 2℃ 이내로 제한했다(파리협정의 전반적인 목표는 '지구 평균기온 상승을 산업화 이전 대비 2℃보다 상당히 낮은 수준으로 유지'하는 것이다).[5] 온실가스 대량 배출국 중에서 이 기준을 충족시킨 국가는 없다.

파리협정 목표를 달성하는 데는 두 가지 문제가 있는데, 모두 민족주의 성향과 관련이 있다. 먼저, 국가 간 경제·정치적 갈등 악화는 동조압력(Peer pressure) 전략을 약화한다. 예를 들어 미국과 무역전쟁을 벌이고 있는 중국과 프랑스가 미국이 파리협정을 탈퇴하지 않도록 설득할 수 있겠는가? 둘째, 파리협정은 19세기 경제학자 윌리엄 로이드(William Lloyd)가 처음 발표한 '공유지의 비극'이라는 특징이 있다. 로이드는 개인·공공의 이익이 충돌할 때 개인 또는 개인 집단은 자신의 이익을 챙기기 위해 공유 자원을 고갈시키는 등 공익을 희생시킨다고 주장했다.[6]

기후 문제의 해결은 전 세계의 바람이지만, 여기에는 희생이 따른다. 그렇기 때문에 국가별로 쉬운 목표를 설정하고 그 목표를 불완전하게라도 이행하는 것이 이익이다. 민족주의가 확산되고 국가 간의 경제적·정치적 경쟁이 치열한 상황에서는 국가들이 상호 의존적일 때보다 부정행위, 이기적 행동, 경제적 이익 추구 등에 대한 욕구가 훨씬 크다. 기후협정을 준수하지 않는 편이 유리한 각자의 상황이 있는데, 이미 양극화된 세계에서 굳이 강제적인 협정을 따르고 싶은 나라가 어디 있겠는가? 브라질에서는 경제난 해결을 위해 농부들이 열대우림을 태워야 한다. 동남아 국가들은 주로 탄소 기반 에너지원을 통해 경제성장을 추구해 왔다. 미국의 에너지 독립은 온실가스 집약적인 수압파쇄법을 통해 확보한 저렴한 석유와 가스 덕분이다. 호주, 캐나다, 러시아, 사우디아라비아는 경제발전의 원동력을 석유에 의존하고 있다. 중국은 탄소 중심의 에너지 체제 덕분에 빠른 경제성장을 이룰 수 있었던 것이다.

◎ ◎ ◎

기후변화 등 위기에 대응하려는 리더 대부분은 신뢰 부족이라는 문제에 가장 먼저 집중한다. 상대방이 입을 열기도 전에 욕을 먹는 현대의 양극화된 사회에서 신뢰의 결핍은 거센 비난과 심한 욕설을 동반한다. 그리고 리더 후보들의 사생활에 대한 진짜 또는 가짜 소문 유포는 '위대한 리더십'을 향한 길을 더욱 괴롭게 만들 뿐이다. 리더가 되는 것을 선호하지 않게 된 이유다. 따라서 비록 리더십의 위기라는 것은 오늘날 세계에서 리더의 일 자체가 어렵다는 것도 문제이지만, 마찬가지로 리더로서 어려움을 감당할 용기를 갖추는 것 또한 중요하다.

고령화: 4대 위기의 가속화

인도에 첫발을 내딛었을 때의 기억이 아직도 생생하다. 자전거, 오토바이, 삼륜 택시, 자동차, 트럭, 버스와 소, 코끼리가 도로 위에 한데 섞여서 다니고 있었다. 가장 인상적인 것은 신호를 받아 멈춰 있을 때 접근해 오는 사람들이다. 너덜너덜한 드레스를 입은 짙은 갈색의 슬픈 눈을 가진 소녀가 창문을 두드리며 동전 몇 푼이라도 달라고 구걸하는 것을 처음 본 순간을 영원히 잊을 수 없다. 소녀의 옷과 신발, 머리카락에 묻은 먼지가 눈에 띄었고, 사방에 날아다니는 먼지가 눈에 들어오기 시작했다. 그제야 내가 6차선으로 변한 2차선 도로에서 차들 때문에 꼼짝 못하고 있음을 깨닫게 된다. 그리고 수많은 자전거, 오토바이를 탄 20대 젊은이들이 보인다. 어떻게 한곳에 이렇게 많은 20대들이 있을 수 있을까?

일본은 정반대다. 지금까지 타본 택시 중 가장 깨끗하며, 운전자는 때묻지 않은 흰 장갑을 끼고 있다. 도로는 쓰레기 하나 없이 깨끗하고 넓고 한산하다. 인도에서 막 도착한 사람이라면 '20대 젊은이들은 다 어디

갔나?'라는 생각이 가장 먼저 들 것이다. 시골을 운전하다 보면 유령 도시에 있는 듯한 착각이 들 정도다. 2013년 일본 정부가 발간한 보고서에 따르면, 일본에는 800만 채의 빈집이 있으며, 그중 4분의 1은 매각 또는 임대되지 않은 채 버려져 있다.[1] 버려진 집들 사이에는 간간히 쓸쓸한 얼굴의 노인들이 보인다. 젊은이들은 모두 도시로 떠났다. 버려진 집 대부분은 노인들이 자살 또는 사망 등으로 '고독사'한 후 오랫동안 발견되지 않은 곳이기 때문에 매수하려는 사람이 많지 않다.[2]

사회제도의 위기를 가속화하는 인구통계학적 변화

인구통계학적 변화는 세계에 시한폭탄을 만들어냈고, 이를 해결할 시간은 얼마 남지 않았다. 1960년 30억 명을 조금 웃돌던 세계 인구는 현재 80억 명까지 증가했다. 그리고 이 80억 인구는 서로 상반된 두 부류로 나뉜다. 하나는 급격한 인구 감소와 고령화를 겪고 있는 국가이며, 다른 하나는 젊은 인구가 많은 국가다. 그 결과 자원과 수요의 전형적인 불균형이 발생한다. 더 중요한 것은 고령화가 다른 위기를 증폭시켜 전체적인 상황을 더욱 악화한다는 것이다. 국가 안팎에서 빈부격차가 확대되고 있다. 고령화 국가에서는 노동인구와 세수가 줄어들면서 사회의 혼란이 가중되는 한편, 인구 연령이 낮은 국가에서는 실업이 늘어나고 불안이 증폭된다. 젊은 이민자들이 기회를 찾아 유입되면서 노인층에서는 포퓰리즘의 불길이 일었다. 사회제도는 그 어느 쪽의 긴급한 상황에도 대응하지 못하고 있어, 전 세계적으로 제도적 정당성의 위기가 심화되고 있다.

극단적으로 보면 가장 늙은 국가와 가장 젊은 국가의 중위연령 차이는 30년이 넘는다.[3] 중위연령 차이가 30년이 된다는 것은 심각한 상황

그림 6-1 65세 이상 인구 비중, 2010년 vs. 2050년

(단위: %)

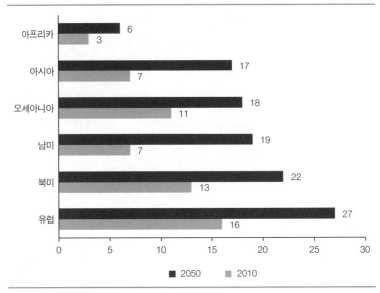

주: 카리브해 국가들은 남미에 포함했다.
자료: United Nations Population Division World Population Prospects, 2012년 수정.

이다. 일부 국가만 이렇게 큰 격차를 보이는 것은 아니다. 중위연령이 40세 이상인 국가는 50개, 20세 미만인 국가는 37개국이다. CIA의 『월드 팩트북(World Factbook)』에 기재된 전체 국가의 3분의 1에 해당한다. 인구 연령은 일본이 3위, 인도는 86위이지만, 가장 젊은 국가의 상당수는 아프리카에 위치하고 있다. 유럽에서는 이탈리아·그리스 등이 일본보다 더 빠른 속도로 노령화되고 있다.

넓게 보면, 일본 등의 국가에서는 노인인구가 빠르게 증가하고 있다. 이러한 국가는 전반적으로 더 부유하며, 부와 출산율 감소 사이에 명확한 상관관계가 존재한다. 70년간 많은 국가들이 고수해 온 바로 그 경제

104 제1부 벼랑 끝의 인류

모델을 통해 눈부신 성장을 이뤘으며, 현재의 문제를 해결하기 위해 생각을 전환하기보다는 기존 모델에서 해답을 찾으려고 한다. 반대로 젊은 국가는 소득 수준은 낮지만, 출산율은 훨씬 높은 경향이 있다. 국가의 리더들은 교육과 일자리를 필요로 하는 청년층에 대한 리스크를 인식은 하고 있으나, 이를 해결할 예산이나 체계적인 비전이 없다.

〈그림 6-1〉과 같이, 두 유형의 국가는 서로 매우 달라 보이지만 고령화된 국가와 젊은 국가가 안고 있는 문제는 결국 우리 모두에게 재앙이 될 것이다. 고령화로 인해 사회제도에 대한 불신이 어떻게 확대·증폭·가속화되었으며, 고령 및 저령 국가의 사회제도에 어떤 문제를 야기하는지 살펴보기로 한다.

고령화와 경제적 번영의 위기

선진국에서는 고령화와 불균형의 위기가 서로 복합적으로 적용한다. 그 심각성과 선진국에 대한 위협을 잘 보여주는 것이 노인부양비이다. 〈그림 6-2〉에 표시된 국가의 중위연령은 모두 40세 이상이다. 노인부양비가 100%이면 생산가능인구 1인당 65세 이상 노인이 한 명 있다는 뜻이다. 20세기에는 전반적으로 선진국의 노인부양비가 모두 25% 미만이었으나 2030년에는 35%를 상회할 것으로 전망되며, 일본은 50%를 넘어설 것으로 보인다. 이대로라면 2030년이면 선진국은 심각한 위기에 처하게 된다. 선진국 경제는 대부분 15~65세 인구의 노동력과 소비력에 의존해 왔기 때문이다.

15~65세 인구 대부분은 노후를 위해 저축하고, 다양한 공적연금과 개인연금에 가입했으며, 노인복지를 위한 세금을 납부하고, 노년층 식구를 직접 부양했다. 하지만 〈그림 6-2〉와 같이 노인부양비가 급격히

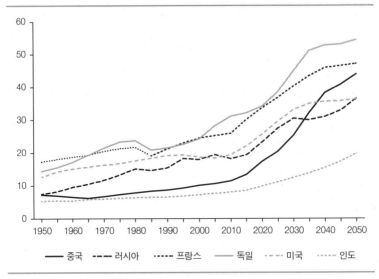

그림 6-2 주요 선진국의 노인부양비(1950~2050)

주: 16~64세 인구 100명당 65세 이상 노인 비율(UN Medium Variant).
자료: United Nations, World Population Prospects. 2017년 다시 작성.

증가해 더 이상 기존의 제도를 유지할 수 없는 상황이다. 65세 이상 인구수가 증가할 뿐만 아니라 수명도 길어졌기 때문이다. 은퇴 후의 삶이 길어지면서 개인이 저축한 돈만으로는 부족하다. 이들은 사회복지서비스와 사회안전망 제도를 위해 보험료를 납입해 왔지만, 제도 설계 당시 가정했던 수급자 수, 수급 기간 등은 지금의 현실을 반영하지 못하고 있다. 노후 자금과 지원 제도 모두 노년층을 부양하기에는 역부족이기 때문에 많은 노인들이 빈곤 또는 준빈곤 상태에 빠지고 있다.

한편, 생산가능인구가 감소하면서 이들의 노인 부양 부담은 크게 늘어나고 있다. 그 결과, 근로자는 연금, 복지, 건강보험제도를 위해 더 많은 세금을 내야 하고, 노년층 가족을 부양해야 하는 부담도 늘어난다. 따라서 자신의 노후 준비를 할 자금 여력이 부족하다. 반면 선진국의 부

그림 6-3 사하라 이남 아프리카 지역 연령대별 인구 수(2030)

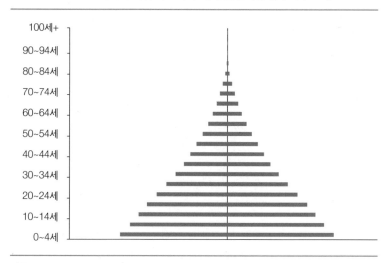

자료: United Nations, World Population Prospects(2017년 수정).

유층은 넉넉한 노후 자금, 탄탄한 투자 포트폴리오, 부동산 자산 가격 상승 등으로 안정적인 생활을 누린다. 정부와 기업에서 리더의 역할을 하는 사람들이 대부분 이에 속한다. 이들은 서민들의 고충을 경험하지 못하기 때문에 문제의 시급성을 제대로 인식하지 못하고 있다. 하지만 노인부양비 증가로 인해 중산층은 계속 줄어들고 있다. 당분간 노인부양비가 계속 증가할 것으로 예상되면서 악순환이 지속되고 불평등과 부작용을 야기할 것이다.

그렇다면 인구가 훨씬 젊은 개발도상국의 상황은 어떨까? 〈그림 6-3〉과 같이, 아프리카 대륙에는 세계에서 가장 젊은 국가들이 모여 있다. 『2020 CIA 팩트북(Factbook)』에 따르면 중위연령이 20세 미만인 국가는 31개이다.[4] 그중 28개국이 아프리카에 위치하고 있다. UN의 추정에 따르면 해당 국가들의 총인구는 2015년 8억 6600만 명에서 2030년 12

억 9000만 명으로 증가할 것으로 보이며, 그중 2억 6100만 명이 15~24세 청년층일 것으로 예상된다. 즉, 교육과 일자리가 필요한 인구수에 해당한다. UN에 따르면 2030년에는 나이지리아에서만 15~24세 청년층이 약 5400만 명에 달할 것이며, 케냐에서는 1300만 명이 넘을 것으로 추정된다. 이러한 현상은 사실 긍정적인 사실에 기인한다. 다른 국가들과 마찬가지로, 아프리카의 아동사망률이 최근 수십 년 동안 급격히 감소했기 때문이다.

과거에는 아프리카 국가들이 선진국으로부터 원조 또는 차관의 형태로 지원을 받았으나, 앞에서 설명한 것과 같이 선진국들도 고령화로 야기되거나 악화되는 문제에 봉착하면서 예전 같지 않은 상황이다. 최대한 지원하는 것이 세계경제에 도움이 되는 것이라고 생각하는 선진국들 입장에서도 이는 좋게 말하자면 벅차고, 나쁘게 말하자면 극복 불가능한 문제다.

고령화와 사회제도의 변화

저임금경쟁력은 20세기 후반 중산층 형성의 근간이 되었다. 아프리카 등의 젊은 개발도상국은 이를 활용할 기회를 누리지 못했다. 제2차 세계대전 이후 진정한 세계경제가 등장하면서, 선진국의 기업들은 저임금 국가에 공장을 세워 제조업의 가장 큰 비용 항목인 인건비를 낮출 수 있었다. 선진국도 명백한 혜택을 누렸을 뿐만 아니라, 젊은 개발도상국도 일자리 창출 및 선진 기업의 업무 방식을 배우고 도입할 수 있는 기회를 얻었다. 타이완과 한국의 경우 '세계의 공장' 전략을 통해 경제성장을 이뤘다. 그러나 AI와 로봇공학을 활용한 제조업이 선진국에서 확대되면서, 중산층 확대의 확실한 방법이었던 모델이 이제는 사라지고 있다. 이로써 아프리카 국가들이나 인도네시아 등 인구가 많고 젊은 개발 도상국들은 청년인구 증가로 일자리 창출이 필요함에도, 선택할 수 있는 대안이 많지 않다.

또한 선진국에 노동력을 제공해 경제성장을 이룬 국가에서는 해당 산업의 일자리가 줄어들고 있다. 인도의 경우 IT 아웃소싱 사업으로 많은 수익을 거두었으나, 다른 일자리를 구할 수 없는 저숙련 노동자들이 가장 큰 타격을 입었다. 10년 후에는 숙련 노동자의 업무 일부까지 모두 로봇이 하게 될 것이다.

기술 발전이 전 세계 비즈니스 모델과 산업에 파괴적 변화를 가져왔듯이, 고령화도 마찬가지로 사회제도, 인프라 및 사회규범을 붕괴시킨다. 개도국의 교육제도는 어려운 여건 속에서도 국민 일부라도 취업 역량을 갖출 수 있도록 기여해 왔으나, 아동사망률과 극빈층 인구 감소로 청년층이 크게 늘어나면서 쓰나미처럼 엄청난 수요를 감당하지 못하고 있다. 문해율 개선을 위해 노력해 온 사람들도 버거운 상황을 맞게 될 것이다. 인도네시아는 세계 4대 인구국이며 중위연령이 30세이다. 12년의 의무교육 기간이 있음에도 인구 대부분이 기능적 문맹(functionally illiterate)이다. 인도는 곧 세계 최대 인구국이 될 것으로 보이며, 2030년까지 50만 개 이상의 학교를 신규 건설해야 하는 상황이다.[5] 이처럼 젊은 인구층의 급증으로 필요한 인프라 비용은 막대하다. 개발도상국의 젊은 이들이 도시로 몰려들고 있으나, 도시의 인프라는 이들을 모두 감당하기에 부족하다. 이러한 수요를 충족시키지 못한다면 실업률 증가, 경제성장 둔화, 사회적 불안, 고학력자 이민 증가 등으로 이어질 것이다.

선진국에서도 고령화는 파괴적 변화를 야기하고 있으나, 그 양상은 다르다. 우선 산업 자동화로 인해 노동가능인구의 노인부양 부담이 더욱 가중되고 있다. PwC 조사에 따르면, 현재 선진국 일자리의 20~40%가 향후 15년 내 자동화될 위험이 있다. 물론 새로운 일자리도 창출되겠지만, 문제는 로봇과 AI로 인해 발생한 실직자들이 신규 직종에 필요한 역량을 갖출 수 있느냐 하는 것이다. 어찌 되었든 상당수의 일자리가 감소할 것이며, 자동화로 인해 실직한 사람들은 사회안전망 제도의 지원을 받기 위해 급증하는 노인층과 경쟁하게 될 것이다. 동시에 세수가 줄면서 공공부조 재원을 마련하는 것은 더욱 어려워질 것이다. 고령화 국가에서는 납세자의 고령화로 인프라 투자 예산이 부족한 반면, 미국 등 선진국에서는 도시, 도로, 교량의 노후화로 신규 건설에 대한 수요가 높은 상황이다. 외교협의회(Council on Foreign Relations)에 따르면 미국토목공학회(American Society of Civil Engineers)는 미국의 총인프라 투자예산과 건설 수요의 격차가 2025년에 1조 5000억 달러에 이를 것으로 추정했다.[6]

한편 고령화 국가의 의료제도는 늘어나는 은퇴자를 소화하기에 이미 역부족이다. 10대 OECD 회원국의 1인당 의료비(미국 달러 PPP 기준)가 지난 20년간 160% 이상 증가했을 정도로 선진국의 1인당 의료비는 치솟고 있다.[7] 물론 의료산업 발전은 자동화로 실직한 타 직종 경력자에게 새로운 취업 기회일 수 있지만, 임금은 이전보다 낮은 경우가 대부분이다.

제1부에서 설명한 위기는 너무 거대하고 엄청나서 제대로 대응하기도 어려울 것처럼 보인다. 제2차 세계대전 직후 도입했던 해결책을 그

대로 적용해서 지금의 문제를 해결하려 한다면, 상황을 그저 지켜볼 수밖에 없거나 오히려 악화시켜 돌이킬 수 없는 결과를 낳을 수 있다. 바람직한 접근법은 지금까지 많은 성공을 거둔 모델의 핵심 요인들을 적용하는 것이다. 제2부에서는 지금까지 논의한 위기에 대한 해결 방안을 제시하고자 한다.

제2부

/

위기의 극복

◎ ◎ ◎

　서론에서는 ADAPT의 원인을 소개했고, 제1부에서는 각 요인에 대해
자세히 살펴보았다. 일반적으로 통용되었던 성장 모델(〈그림 II-1〉)은 제
2차 세계대전 이후 거의 모든 국가에서 부흥과 놀라운 성장의 시대를
이끌었지만, 더 이상 그 목적에 부합하지 않는다. 한때는 긍정적인 원동
력이었지만, 이제는 그 어두운 면을 드러내고 있다.

　성장 모델과 그 근간이 된 제도들이 전례 없는 방식으로 세계를 하나
로 만든 것은 분명하다. 상당한 경제적 이익을 창출했으며 많은 사람을
빈곤에서 벗어나게 해주었다. 하지만 세계는 변했고, 이에 따른 의미 있
는 재평가가 이루어지지 않았다. 의도치 않게 발생한, 효과가 적고 부정
적인 측면들을 억제하기 위한 시도조차 없었다. 이는 극심한 불균형 야
기, 승자독식의 시대 도래, 일자리 위협, 지역사회 및 사회협약 약화, 사
회분열, 환경적으로 지속 불가능한 모델 탄생 등의 결과로 나타났다.
ADAPT와 관련 위기가 발생한 직접적인 원인은 우리가 이러한 세계관
에 70년 이상 과도하게 의존해 왔기 때문이다.

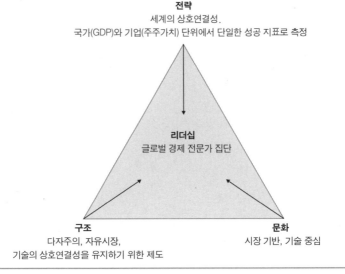

그림 II-1 제2차 세계대전 이후 70년 동안 성공을 견인한 글로벌 체제

전략
세계의 상호연결성.
국가(GDP)와 기업(주주가치) 단위에서 단일한 성공 지표로 측정

리더십
글로벌 경제 전문가 집단

구조
다자주의, 자유시장,
기술의 상호연결성을 유지하기 위한 제도

문화
시장 기반, 기술 중심

자료: 저자 작성.

성장 모델의 부작용을 해소하기 위해 다양한 급진적 해결책들이 제시되었다. 성장 모델 해체, 자본주의의 완전한 폐지, 분열, 무역 억제, 또는 비즈니스, 시장, 제도의 완전한 교체 등이었다. 하지만 이러한 아이디어는 대부분 충분히 분석되지 않았기 때문에 이를 그대로 도입하는 것은 바람직하지 않다. 여러 가지 이유가 있으나, 무엇보다 지속적인 성공을 위해서는 전후 변화 모델을 반영해야 하기 때문이다. 상호 연결되어 있는 구성 요소를 새로운 시각에서 살펴보아야 한다. 따라서 기존 모델의 각 측면을 재평가하고 수정하여, 현재 상황과 니즈를 더 잘 해결하고 반영할 수 있게 하는 것이 중요하다. 제2부에서는 수정된 모델의 형태와 이에 필요한 변화 프로세스에 대해 설명하고자 한다(〈그림 II-2〉).

수정 모델의 각 구성 요소는 상호 연결되어 있다. 구 모델과 동일한

그림 II-2 21세기 모델

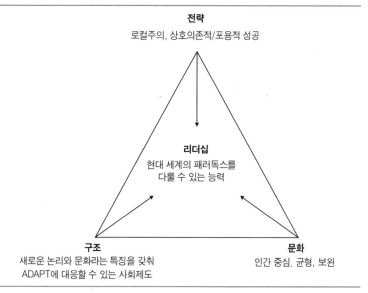

전략
로컬주의, 상호의존적/포용적 성공

리더십
현대 세계의 패러독스를
다룰 수 있는 능력

구조
새로운 논리와 문화라는 특징을 갖춰
ADAPT에 대응할 수 있는 사회제도

문화
인간 중심. 균형, 보완

자료: 저자 작성.

내용을 담고 있지만 재검토를 거쳤다. 이 내용은 제7~10장에서 상세하게, 공평하고 포용적이며 번영하는 세계를 위한 솔루션으로 제시할 것이다. 이러한 솔루션은 당위적으로 설명한 경우도 있고, 다양하고 새로운 방법을 시도하는 리더들의 사례를 통해 고찰한 부분도 있다. 이 리더들은 제1부에서 설명한 문제점을 해결하기 위해, 혁신적인 프로그램을 주도하고 있다. 전체적으로 제7~10장은 인류가 지난 70년간 고수했던 핵심 가정을 재검토해야 한다는 것과 수정 모델의 근간이 될 제도와 공유 문화를 새로운 시각으로 접근해야 한다는 것을 보여준다.

제7장 전략: 경제성장을 다시 생각하다

제8장 전략: 성공을 재정의하다

제9장 구조: 무너진 제도의 회복

제10장 문화: 기술혁신에 대한 새로운 시각

    문제는 기존의 사고, 제도, 공유 문화를 재수립하는 데 상당한 시간이 걸린다는 것이다. 앞서 설명한 위기는 매우 긴박하며 그 범위와 규모가 상당하기 때문에 시간이 부족하다. 우리는 제도, 경제 모델, 공유 문화 재건이라는 길고 힘든 작업에 착수하는 동시에 즉각적인 대응이 필요한 위기에 과감히 맞서야 한다. 그렇게 해야만 글로벌 모델로의 이행이 시작될 것이며, 재건을 통해 달성하고자 하는 목표에 더 가까이 다가서게 될 것이다. 세계는 더욱 역동적으로 변화하고 있기 때문에, 우리는 이를 지속적으로 실행할 방법을 찾아야 한다. 그렇게 해야만 시대의 요구에 맞춰 가장 중요한 제도와 조직을 변화시킬 수 있다. 가장 심각한 딜레마에 대해 위기의식을 갖고, 인류가 원하는 미래를 위해 전력 질주해야 한다. 위기의 정체를 파악하고 이를 극복하는 방대한 작업에 착수하는 방법은 제11장 「방대한 규모와 속도: 더 기다릴 수는 없다」에서 다룰 것이다.

    이는 새로운 유형의 리더를 필요로 한다. 애자일(agile)하게 움직이며, 전략과 전술을 현실적 관점에서 재평가하고, 효과적이고 지속 가능한 제도를 수립할 수 있어야 한다. 제대로 작동하지 않는 기능은 수정하고, 세계의 문제를 해결하며, 새로운 현실을 반영한 지속 가능한 세계관을 가지고 변화를 실행하는 사람이어야 한다. 이러한 리더들은 수많은 도전과제에 대응하는 과정에서, 서로 상충되는 정치적·사회적·문화적·전략적 부담과 편견을 헤쳐 나가야 한다. 리더들이 더 나은 미래를 위해 받아들여야 할 '여섯 가지 리더십 패러독스'를 정리해 보았다. 이는 제12장 「리더십: 영향력의 새로운 프레임」에서 다루기로 한다.

이 책은 기업, 다양한 정부기관, 조직, NGO의 리더를 대상으로 하지만, 누구에게나 해당되는 내용이다. 우리의 눈앞에 놓인 위기는 너무나 규모가 크고 중대하기에 그 누구도 이를 무시하거나 해결에 참여하는 것을 거부해서는 안 된다. 행동의 변화가 필요한 부분도 있고, 새로운 사고방식이 요구되는 경우도 있다. 또한 진지한 노력, 더 많은 상상력과 창의력이 필요할 때도 있을 것이다.

사실 이것이 가장 재미있는 부분이다. 우리가 지금껏 만든 세상에서는 많은 이들의 사회적·경제적 여건을 개선하는 데 다양한 성공을 거뒀지만, 그 성공은 복합적인 성격을 띠고 있었다. 이제는 독창성, 비전, 혁신, 에너지, 집중, 새로운 원칙, 강력한 공감을 통해 모두가 혜택을 누릴 수 있도록 세상을 변화시켜야 한다. 이것이 인간의 본질적인 존재 이유이기도 하다.

제 7 장

전략: 경제성장을 다시 생각하다

로컬주의

세계화의 전성기였던 최근 수십 년 동안, 세계경제 발전의 모멘텀은 단순하게 설명할 수 있었다. 힘겹게 버티다가 고립되었던 많은 국가들이(적당한 임금을 받는 일자리를 구하지 못해 인구 상당수가 빈곤에 빠진 상황), 선진국 기업들이 투자할 수밖에 없는, 저임금이라는 매력적인 요인을 제공했다는 것이다. 이에 따라 일본, 한국, 중국 등 아시아의 용으로 불리는 국가들은 임금이 저렴하고 사업장 또는 환경규제가 거의 없다는 점을 내세워, 세계의 공장 또는 백오피스가 되었다. 적어도 이론적으로는 양쪽 모두에 이득이었다. 신흥국은 GDP가 급격히 성장하면서 중산층이 수억 명 이상 늘어났다. 선진국에서는 이윤이 급증하고, 수출 시장이 확대되었다. 소비자들은 저가 상품을 구매할 수 있었고, 숙련된 노동자들은 매력적인 직업을 선택할 수 있었다.

그러나 지난 10여 년 동안 그 질서의 공식이 무너지기 시작했다. 세계화 모델은 이미 개발 단계에 있는 국가나 그 사다리를 오르려는 국가들에는 안정적인 경제발전의 틀로 작용하지 않는다. 주요 원인은 아웃소싱을 통해 중국, 일본, 한국의 제품을 소비했던 국가들이 서서히 고삐를 죄기 시작했기 때문이다. 자국 기업에 대한 국민적·정치적 압력을 통해, 국내 경기 진작을 위한 제조업과 서비스업의 리쇼어링을 추진하고 있다.

한편, 다국적기업들은 저임금 국가 곳곳에서 사업을 운영했으나, 이제 전략을 바꾸기 시작했다. 전 세계적으로 포퓰리즘 정부가 급격히 늘어나면서 글로벌 공급망 구축에 대한 위험과 문제가 심화되었기 때문이다. 또한 저임금 경쟁력(labor arbitrage)은 과거에 비해 중요성이 줄어들었다. 오늘날의 경쟁 대상은 해외의 저렴한 노동력이 아니라 로봇, AI 툴과 프로그램이다. 훨씬 더 낮은 비용으로 구현할 수 있으며, 더 스마트하고 능력이 뛰어나다.

세계화의 쇠퇴로 새로운 경제발전 모델이 필요해졌다. 개인적으로 나는 이 공백을 메울 수 있는 최적의 선택은 로컬주의(Local First) 전략이라고 본다. 자급 가능하며 독립적이고 지속적인 성장이 가능한, 지역경제 생태계를 의미한다. 지금까지 우리는 국제주의라는 지배적 프레임에 익숙해 있었다. 이에 대한 대안으로서 로컬주의 전략이 필요한 이유는 세계화가 모든 이에게 혜택을 준 것처럼 보이지만 실제는 그렇지 않기 때문이다. 기업의 이익 증가와 함께 세계적으로 중산층이 늘어났고, 운영 효율성 증가가 실질적인 혜택을 준 것은 사실이다. 제조품 가격 상승이 대부분 억제되었고, 개인 기술과 통신 혁명에 더 많은 사람이 동참했다. 그러나 이러한 개선(주로 GDP 증가율로 측정) 때문에 세계화의 심각한 부작용은 가려졌다.

먼저, 일자리 시장에서 떨어져 나간 개인들(다수의 국민들이 경쟁력을 잃는 상황은 모든 국가에서 나타났다)은 관심 밖에 있었다. 심각한 불안정 고용 상태에 있던 사람들은 세계화의 진전으로 더 깊은 수렁에 빠졌다. 크게 보면 GDP는 평균적으로는 세계의 경제적 번영을 나타내는 것이었으나, 고용 인구 상당수의 소득은 장기간에 걸쳐 정체 또는 하락하고 있었다. 또한 GDP 증가는 환경 파괴, 복지 부족 및 고용 불안, 일부 지역의 삶의 질 저하와 같은 눈에 보이지 않는 부작용을 숨기는 효과를 낳았다.

2017년 논문에서 나는 콤 켈리(Colm Kelly)와 함께 세계화의 이면의 속성을 분석했다. 특히, 우리가 우려했던 부분은 사업 수익과 사회적 진보는 더 이상 함께 움직이지 않으며, 같은 차원에서 측정 또는 논의할 수도 없게 되었다는 것이다.[1] 앞서 언급했듯이, 이는 비교적 최근의 현상이다. 세계화가 주류를 이루기 전 그리고 심지어 세계화 초기만 해도, 사업적 성공은 사업이 운영되는 지역사회의 성공과 본질적으로 관련이 있었다. 창출된 자본은 주로 해당 지역에 재투자되었다. 수익 일부는 외부에서 창출되었을지라도, 지역사회는 노동력과 소비자를 제공하는 곳이기 때문이다. 애덤 스미스(Adam Smith)가 『국부론(Wealth of Nations)』(1776)을 썼을 당시에는 기업의 리더가 지역 주민들을 배려하지 않으면, 교회 설교 중에 질타를 당하고 지역 내에서 배척당했다. 결국은 기업 이익을 지역사회와 주민들에게 재투자할 수밖에 없는 상황이었다.

헨리 포드(Henry Ford)에서부터 앤드루 카네기(Andrew Carnegie), 베르너 폰 지멘스(Warner von Siemens), 도요다 기치로(Kiichiro Toyoda), 잠셋지 타타(Jamsetji Tata) 등 성공적인 사업가들은 모두 '로컬'에서 자신의 방대한 기업 제국을 세우기 시작했으며, 자사 시장이 점점 확대되는 상황에서도 지역사회와 긴밀한 관계를 유지했다. 그 가운데 중소기업들은 경제발전에 더욱 필수적인 역할을 했다. 실제로 중소기업들이 각 지역에서 일자리 확대와 혁신을 뒷받침하지 않았다면 독일, 영국, 미국과 같은 국가는 결코 글로벌 시장에서 리더의 자리에 오르지 못했을 것이다.

하지만 다국적기업들이 세계화 덕분에 정상의 위치에 오르면서, 자원 집중 현상이 일어났다. 사업 기반으로서 지역사회를 보호·유지할 도덕적 의무감이 없는 곳에 점점 자원이 집중되었다. 고용 기반은 중요하지 않았다. 본사는 세제와 인센티브 제도가 가장 좋은 곳에 위치할 뿐, 그 이상의 의미는 없었다. 켈리와 내가 관찰한 바로는, 다국적기업들은 공익을 제공하고 지역발전을 지원할 책임을 거의 느끼지 못하고 있었다.

실제로 세계화를 지향하는 많은 기업들은 사업장이 위치한 지역사회에 실질적인 기본적 혜택을 제공하지 못하고 있다. 오히려 ADAPT(그중에서도 불균형, 기술로 인한 파괴적 변화, 제도에 대한 신뢰 약화)를 악화하는 데 일조했다. 우리가 논문에서 밝혔듯이, 경제발전을 위한 로컬주의 프로그램을 수립하는 것은 시급한 일이다. "우리는 지역사회의 번영을 위해 더욱 노력해야 한다. 인간의 니즈를 파악하고 관리하는 것은 지역(local) 단위에서 가장 효과적으로 이루어진다. 도시와 마을이야말로 사회적 진보와 경제적 성공이 가장 자연스럽게 병행될 수 있는 곳이다. 따라서 이러한 생태계에서 기업이 핵심적 역할을 하는 가운데, 지역사회가 성장할 수 있는 여건을 조성해야 한다."[2]

물론 글로벌 경쟁이 반드시 나쁜 전략이라는 의미는 아니다. 바르셀로나, 모스크바, 뉴욕과 같은 도시에는 고학력 인재, 우수한 대학, 발달된 투자 환경, 글로벌 인프라, 기업 성장을 지원하는 정부가 집중되어 있다. 지역 주민과 문화권이 세계화의 장점을 누리기에 좋은 위치에 있다. 그러나 중급 도시들은 이러한 대도시와 경쟁하기 어려우므로, 자체적인 경제발전 전략을 재검토하고 좀 더 내부에 집중해야 한다. 대도시는 기존의 경쟁력을 활용해 전 세계의 자원을 빨아들이고 있기 때문에 관심, 투자, 인적 자원이 집중된다. 이로 인해 중소도시는 열악한 상황에 놓이는 경우가 많다.

지역 중심 경제개발 프로그램의 청사진(물론 지역마다 사회, 문화적 차이로 인해 구체적 내용은 상이할 것이다)을 살펴보기 위해, 먼저 아르메니아의 사례를 살펴보기로 한다.

로컬주의 모델

루벤 바르다니얀(Ruben Vardanyan)은 아르메니아 출신의 자선가, 기업가, 투자 은행가다. 그는 공동 후원자 베로니카 조나벤드(Veronika Zonabend), 누바 아페얀(Noubar Afeyan), 피에르 귀르지앙(Pierre Gurdjian), 아르망 질라비앙(Arman Jilavian)과 함께 아르메니아 전역에서 다양한 로컬주의 프로젝트를 시작했다. 바르다니얀의 표현을 빌리자면 "매력적인 환경을 만들고, 성공하는 인재를 양성하고, 동기부여가 되는 가치관을 확산시키는 것이다. 그렇기 때문에 사회·경제적 발전, 교육 및 리더십, 인도주의적 가치 실천을 위해 노력하고 있다"는 것이 목적이다. 나는 연구 팀과 함께 바르다니얀의 자선단체 IDeA(Initiatives for Development of Armenia)의 도움을 받아, 해당 모델을 〈그림 7-1〉과 같이 도식화해 보았다.

이 모델은 과거의 전통을 확인·수집할 수 있는 경우에 가장 적합하다. 핵심적인 전통을 수용 및 현대화하여, 변화와 성장을 위한 환경을 조성하는 전략이다. 각 구성 요소에 내포된 다양한 문제점은 동시에 다

그림 7-1 지역 활성화 방안

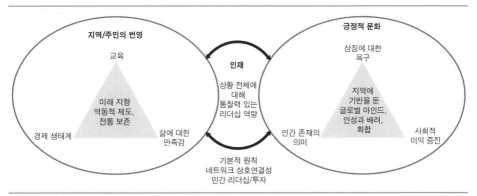

자료: IDeA(Initiatives for Development of Armenia)에 근거해 저자 작성.

뤄져야 하며, 이들은 복합적으로 작용해 지역발전 시스템을 구성한다. 왼쪽의 원은 지역의 물리적·제도적·경제적 인프라에 해당한다. 이를 위해서는 미래를 이끌어갈 인재 육성을 위한 통합적 교육제도, 기업활동을 통해 일자리 창출을 도모하는 자생적 경제 생태계가 필요하다. 또한 의료, 여가, 환경, 정의, 투명성, 공정성 등(사람들이 살고 싶어 하는 지역의 필수 요소) 가장 광의의 의미에서의 삶의 만족(well-being)을 추구하기 위한 프로그램도 필요하다.

오른쪽 원은 긍정적인 문화를 구축하는 데 중점을 두고 있다. 공동의 정체성을 바탕으로, 지역 주민들의 생각과 정신, 감정을 담아낸 것이다. 지역만의 특색과 성공 사례를 지켜내면서도, 아직 개발되지 않은 지역에 남아 있는 부정적인 면들도 함께 고민한다. 역사적·경제적·사회적 역동성에 담긴 슬픔을 미래에 대한 희망과 회복의 에너지로 바꿔야 한다. 두 원을 연결하는 다리는 바로 사람이다. 두 가지 목표를 달성하는 데 필요한 다양한 인재에 해당한다. 시스템의 작동 원리와 상호연결성을 이해하고, 시스템 내부와 전체에 걸쳐 변화를 촉진할 수 있는 특별한 역량을 갖춘 인재들이다. 주어진 제약 사항에도, 미래의 가능성을 내다볼 수 있는 상상력을 가진 사람들이어야 한다.

이 모델의 원리를 구체적으로 설명하기 위해, IDeA의 '타테브 재건운동(Tatev Revival Movement)'이라는 팀 프로젝트를 소개하고자 한다.[3] 이 프로젝트의 핵심은 아르메니아 남부의 중세 종교, 문화 및 학문 중심지 타테브 수도원(Tatev Monastery)을 복원하는 것이다. 타테브 지역의 건물들은 대부분 수백 년 동안 방치되어 심각하게 황폐해진 상태였기 때문에 많은 작업이 필요했다. 재건 과정에서 수도원의 핵심적인 사회적 역할이 다시 강조되었다. 인문학, 종교학, 과학에 관심 있는 학생들을 유치할 수 있도록, 대학 수준의 교육이라는 기치 아래 지역사회를 하나로 연결하고자 했다.

이 프로젝트는 타테브의 지역사회을 크게 발전시켰다. 사회학자를 비롯한 학자들이 봉건사회 연구를 위해 타테브로 이주했다. 타테브 수도원 어린이 합창단에 수십 명의 현지 어린이들이 참여해 아르메니아 전역에서 공연을 하면서 명성을 얻고 있다. 지역 학교가 재건되고, 타테브 최초의 환경 보존 사업이 진행 중이다. 프로젝트 실시 전 타테브는 망각된 곳이었고, 현대와 같은 번영의 세계에서 점점 멀어졌으며 관광객들에게는 거의 알려지지 않았다. 하지만 오늘날 타테브는 개방적이고 외부 지향적이며, 경제적 입지가 우수한 곳이 되었다. 재건운동의 일환으로 트램이 설치되어 주변 지역으로의 이동이 수월해졌다. 과거에는 꼬불꼬불한 길을 따라 수도원까지 약 1시간이 소요되었으나, 이제는 타테브 지역의 산과 협곡을 즐기다 보면 12분 만에 도착할 수 있다. 이러한 내용은 〈그림 7-1〉 중 오른쪽 원에 해당하는 긍정적인 문화 자산이다.

왼쪽 원은 타테브 프로젝트를 중심으로 한 경제 생태계의 발전, 타테브 지역과 수도원 자체의 교육 기회 증진이라고 볼 수 있다. 트램 관리 및 운영을 위한 양질의 일자리가 창출되었고, 20개 이상의 숙소, 에어비앤비, 식당, 카페 등이 문을 열었다. 이뿐만 아니라 IDeA로부터 사업 및 법률 자문을 받기 위해 사업가들이 타테브에 몰려들었고, 지역 주민과 관광객을 대상으로 한 의료, 여가 등 웰빙을 위한 다양한 서비스 사업이 시작되었다. 두 원을 연결하는 다리는 이와 같은 경제적 기회에 참여한 다양한 사람들과 IDeA의 리더십에 해당한다.

타테브 프로젝트에서 간과해서는 안 되는 부분이 있다(로컬주의 모델에서 특히 중요하다). 가장 효과적인 첫 단계로 주력 프로젝트를 기획해 경제발전과 지역사회 통합을 위한 대규모의 생태계를 구축하는 것이다. 타테브의 핵심 프로젝트는 '타테브의 날개(Wings of Tatev)'라는 이름의 트램이었다. 트램은 세월에 잊힌 타테브라는 지역으로 현대적 변화를 유입시키고 사람들을 실어 나르는 매개체가 되었다.

지금까지 로컬주의 모델에 대한 바르다니얀의 사례를 살펴보았다. 필수적인 성공 원칙 네 가지는 다음과 같다.

① 지역경제를 구축하는 것은 상당한 집중과 준비, 시간이 소요되는 일이다. 바르다니얀과 그의 팀은 약 20년을 예상했다.

② 로컬주의 프로젝트의 외부 투자자는 해당 지역사회에 진정으로 관심이 있음을 구체적으로 보여주어야 한다.

③ 로컬주의 프로젝트의 모든 노력은 지역의 특징, 긍정적·부정적 전통을 정확히 이해하는 데서 출발해야 한다. 이것이 프로젝트의 근간이 된다. 현지의 역사, 사회 관습 및 문화를 기반으로 하지 않는 혁신은

지속될 수 없다. 아르메니아 대학살과 같은 부정적 역사도 무시해서는 안 된다[IDeA에서는 오로라 인도주의 프로젝트(Aurora Humanitarian Initiative)를 통해 이를 다루고 있다]. 그렇지 않으면 지역사회의 통합과 발전보다는 대대적인 실패의 원인이 되어 계속 짐이 될 것이다.[4]

④ 로컬주의 아이디어는 전향적이어야 한다. 과거를 참고하되, 지역사회의 현재의 니즈를 해결하고 미래로 나아갈 수 있는 것이어야 한다.

나의 두 번째 고향, 노스캐롤라이나 더럼

의견은 분분하지만, 로컬주의 프로젝트는 선진국에서도 지역사회에 도움을 주었으며[젠트리피케이션(Gentrification) 또는 재건(Renewal) 등 명칭은 다양하다], 죽어가던 도시가 불사조처럼 다시 살아나도록 여러 면에서 놀라운 성과를 이루어냈다. 노스캐롤라이나주 더럼(Durham) 사례를 소개하고자 한다. 약 38년 전 아내와 내가 신임 교수로 더럼에 도착했을 당시, 인구 16만 2000명의 도시에 호텔과 술집은 한 개씩밖에 없었다. 시내는 인적이 드물었고, 판자로 덧댄 담배 창고에 철조망이 높이 쳐 있었다. 학군도 엄격히 나뉘어 있어서, 부유한(대부분 백인) 가정의 자녀들은 우수한 주립 학교에 다니는 반면, 저소득층 아이들은 거의 폐교 직전의 공립 시설에 다녔다. 한때 미국 내에서 1인당 흑인 상권 규모가 가장 크고 흑인 상업 및 문화 지역이 발달한 곳이었지만, 우리가 도착했을 때는 고속도로를 놓기 위해 모두 갈아엎은 상황이었다. 어느 도시재생 전문가가 '더럼은 다시는 사람들이 살고 싶은 도시가 될 수 없을 것'이라고 말했던 것도 기억난다.

하지만 어울리지 않을 것 같은 세 사람이 함께 모이자, 그 말은 틀렸음이 입증되었다. 짐 굿먼(Jim Goodmon)은 노스캐롤라이나에서 가장 부유한 사업가 중 한 사람이며, 캐피털 브로드캐스팅 컴퍼니(Capital Broadcasting Company)의 대표로 지역 TV 방송국을 소유하고 있으며 『19번째 남자(Bull Durham)』를 통해 유명해진 트리플 A 마이너리그 팀 '더럼 불스(Durham Bulls)'의 구단주로서 존경받는 명사이다. 빌 벨(Bill Bell)은 더럼의 두 번째 흑인 시장이자, 더럼의 최장수 고위공직자로 2001년 당선되었다. 톨먼 트래스크(Tallman Trask)는 듀크대학교 부총장 으로 다양한 업무 외에 듀크대의 부동산 관련 업무를 담당한 바 있다. 이들은 도시개발 프로젝트를 위해 모였다. 2000년부터 10년간 더럼의 새로운 역사를 쓰게 될 사업이었다. 그 전에도 도시에 많은 투자가 있었 지만 대부분 듀크대 인근의 시내 서쪽, 또는 급성장하는 리서치 트라이 앵클 파크(Research Triangle Park)가 위치한 남쪽에 집중되어 있었다. 하 지만 투자가 서부 또는 남부의 부유한 지역에만 집중되어, 도시 중심부 는 활성화되기 어려웠다.

굿먼, 벨, 트래스크 세 사람은 아무도 눈여겨보지 않았던, 도심 남쪽 의 황폐한 지역에서 가능성을 발견했다. 듀크가(Duke Family) 담배 사업 의 본고장인 지역이었다. 이곳은 면적 15에이커의 부지로, 듀크의 유서 깊은 기업 아메리칸 토바코 컴퍼니(American Tobacco Company)가 경영 악화로 브라운 앤드 윌리엄슨(Brown and Williamson)에 인수되면서 10 여 개의 건물이 폐쇄된 채 방치되었다. 10피트의 철조망에 둘러싸여 있 어, 마약상 외에 그 누구도 접근하지 않는 곳이었다. 주변에는 공터, 자 동차 판매점, 폐점 직전인 더럼의 유일한 호텔, 텅 빈 창고가 여럿 있었 다. 세 사람은 이 지역을 개발하면 도시의 서쪽과 연결시켜 도심을 다시 살아나게 할 수 있을 것이라 믿었다.

이들은 재건 프로젝트를 더럼의 역사에서 중요한 두 가지와 연계시

컸다. 도시가 쇠퇴하는 증거로 인식되었던 담배 공장과 더럼 불스 야구단이다. 앞서 설명한 '타테브의 날개' 프로젝트에서처럼, 이러한 주력 프로젝트를 더럼의 부활을 위한 발판으로 삼았다. 2000년경 굿먼은 사비를 들여 아메리칸 토바코 부지를 매입했다. 사무실, 연구소, 식당, 산책로, 휴식 및 오락 공간 등을 갖춘 다목적 시설로 리모델링하기 위해서였다. 트래스크는 듀크대 행정실 이전 예정 부지를 사전 임대해 굿먼의 경제적 부담을 줄여주었고, 도시의 다른 기관도 동참할 것을 강력히 촉구했다. 벨은 시 정부 차원에서 이를 지원하기 위해, 리모델링 사업을 공개적으로 지지하고, 행정절차를 최소화했으며, 주민들의 지원을 얻어냈다. 굿먼이 담배 공장 리모델링 계획을 세우기 몇 년 전, 캐피톨(Capitol) 시에서 아메리칸 토바코 공장 인근 토지를 매입했다. 금방이라도 무너질 것 같은 사용 불가능한 구조물을 철거하고, 도시 북부 지역에 현대적인 불스 스타디움을 세웠다.

이러한 프로젝트들은 더럼을 변화시켰다. 시내 일대가 다시 매력적인 투자처로 돌연 변모했다. 새롭게 활기를 되찾은 이 지역은 듀크대 캠퍼스와 약 2마일(약 3.2km) 정도 떨어져 있었는데, 그 길을 따라 새로운 식당들이 들어섰다. 기업가들이 상대적으로 저렴한 대학 캠퍼스 근처 지역으로 모여들었고, 새로운 개발자들, 매력적이고 편리한 지역에서 자녀를 키우고자 하는 젊은 전문직 종사자들이 모여들었다. 초기 상점과 식당 주인 중 많은 수가 이민자였기 때문에, 더럼은 그 어느 때보다 더 다양하고 포용적인 분위기를 띠게 되었다. 변화하는 환경을 수용하기 위해, 카운티 의원들과 시교육위원회는 양분된 학교 시스템을 통합하기 위해 노력하고 있다. 한때 조롱받았던 담배 공장과 더럼 불스 야구단은 이제 주민들에게 자부심의 원천으로 다시 자리 잡았다. 물론 아직 노력해야 할 부분도 많지만, 더럼은 이제 사람들이 가족과 함께 삶을 영위하며 커리어를 쌓아가고 싶은, 번영하는 다양성의 도시가 되었다. 황폐하고 볼 것 없었던 과거의 모습에서 완전히 달라졌다.

현지 사업가: 필수 요소

이 장에서 살펴본 로컬주의 프로젝트들은 많은 자원이 뒷받침되었다. 하지만 로컬주의 경제개발이 모두 그렇게 거창할 필요는 없다. 사실 적은 노력으로 시작해도 여러 면에서 동일한 성과를 낼 수 있다. 나는 2018년 12월 슬러시(Slush)라는 행사를 통해, 최소한의 자원으로 시작한 인상적인 로컬주의 프로젝트 2건에 대해 알게 되었다. 슬러시는 세계 최고의 스타트업 및 기술 컨퍼런스이다. 행사의 하이라이트 중 하나는 사회적 니즈에 관심 있는 사업가들이 아이디어를 피칭하는 대회다. 나는 당시 심사위원으로 참여하면서, 로컬주의 프로젝트를 주도하는 두 명의 멋진 수상자들을 만났다. 둘 다 잠비아 출신이었는데, '임산부보호연합(Safe Motherhood Alliance)'의 무잘레마 므완자(Muzalema Mwanza), '애그리프리딕트(Agripredict)'의 므윌라 캉와(Mwila Kangwa)이다.

므완자는 본인의 임신 기간 중 "오지의 임산부가 겪는 어려움을 몸소 체험했다"고 한다. 잠비아 외곽 지역에 사는 산모들은 대부분 형편이 어려워 병원비를 감당할 수 없기 때문에 환경이 열악한데도 집에서 혼자 출산을 한다. 진단 도구가 있다 하더라도 상당히 원시적이며, 그러한 도구 사용법을 제대로 알고 있거나 분만 과정을 알고 있는 사람의 도움을 받는 것이 어렵다. 엔지니어 출신의 사회적 사업가 므완자는 간단한 솔루션을 제안했다. 분만 과정에 필요한 모든 장비가 들어 있는 위생 키트를 제공하고, 안전하고 성공적인 가정 출산을 위해 사용자들에게 교육을 실시하는 것이었다. 품질을 관리하고 비용을 낮추기 위해 위생 키트를 현지에서 조달하고 제조했다. 그 결과, 단 25유로에 첫 상품을 판매할 수 있었다.

므완자는 임산부보호연합을 확대해 산모와 신생아 건강을 위한 저렴한 진단 도구를 설계했다. 스마트폰에 도플러(doppler) 초음파 판독 등의 기술을 도입해 이동식 클리닉과 소형 병원에서 사용할 수 있게 한 도구였다. 므완자는 아무리 작은 마을이라도 임산부보호연합을 통해 시민들을 위한 헬스케어 산업을 확산시켜 경제를 발전시킬 수 있다고 믿고 있다. 궁극적인 목표는 잠비아 대부분의 지역으로 사업을 확장하여, 가 지역을 연계함으로써 혁신과 전문성을 공유하고 유사한 문제를 안고 있는 아프리카의 다른 지역으로 프로젝트를 확대하는 것이다.

또 다른 수상자는 애그리프리딕트를 설립한 므월라 캉와다. 부드러운 목소리를 가진 캉와는 엔지니어로, 현행 경제체제에서 수만 명의 잠비아 농민들이 좌절하는 이유에 주목했다. 많은 농민들은 농번기를 기다리며 최저 생계 수준을 유지하고 있다. 잠비아 정부는 흉년에도 농민들이 생계를 이어갈 수 있는 경제 모델을 구축하지 않고, 농민의 어려움을 대부분 무시해 왔다. 이 때문에 흉년이 들면 농가는 기아, 토지 손실 등 상당한 피해를 입었다. 잠비아 농민 대부분은 작물 상태를 진단하거나 초기에 문제를 방지할 수 있는 도구나 자본도 없다.

캉와의 해결책은 스마트폰 기반의 프로그램이었다. 작물에 병이 생기면 농민이 사진을 찍어 애그리프리딕트에 보낸다. 그러면 문제를 진단하고, 해결 방안과 필요한 장비를 구할 수 있는 인근 대리점의 위치 등을 알려준다. 결과는 성공적이었다. 1년 만에 2만 2000명이 넘는 잠비아 농민들이 가입했다. 캉와는 이 경험을 바탕으로, 효율적인 재배법 개발, 다양한 품종 재배, 부가가치 창출, 그리고 결과적으로 최저생계 수준 이상의 경제력 확보 등 농민들을 위한 다양한 프로그램을 개발할 계획이다. 해충과 가뭄에 따른 농업 피해는 국가와 지역의 식량안보에도 영향을 미쳤다. 영세 농민들은 이러한 문제를 완화 또는 예방하고 기상 조건을 예측할 수 있는 장비가 없다(대부분 자연적인 계절 요인에 의존하고 있다). 이뿐만 아니라 기존의 정보 공유 방법은 비용이 많이 들고 매우 느리며 때로는 효과가 없다. 해충 관리는 지속 가능한 농업 발전에 매우 중요하다.

◎ ◎ ◎

이러한 로컬주의 프로젝트는 전 세계 수천 명의 사업가들이 지역 위기를 지역의 방식으로 해결하고 역동적인 지역경제를 개발하기 위해 어떤 노력을 기울이고 있는지 보여준다. 로컬주의 프로젝트는 하나로 엮으면 좋은 모델이 될 수 있다. 20세기 후반 널리 퍼졌던 글로벌 산업 공급망과는 거의 모든 면에서 다른 모델이다. 물론 산업 다국주의가 완전히 종말을 고한 것은 아니지만, 이제 더는 지역 경제발전에 대한 해답이 되지 못한다. 아직 경제적 혜택을 누리지 못했거나 뒤처져 있는 지역, 마을, 도시는 앞으로 역동적이고 번영하는 경제·교육·문화 시스템을 구축할 방법을 찾아야 한다. 수십억 명의 주민, 시민들에게 기회를 제공할 수 있는, 지역만의 설득력 있는 스토리를 담아내야 한다.

나는 로컬주의 프로젝트를 지켜보면서, 세계 곳곳의 취약 지역에서 인간의 독창성이 혁신적 해답을 반드시 찾게 해줄 것이라는 낙관적 기대를 하게 되었다. 또한 현지 사업가들이 조직, 운영, 디자인 전문성뿐만 아니라 민간 부문과 선진국 자선가들의 경제적 지원을 활용할 수 있다면 더 빨리 해답을 찾을 수 있을 것이다. 안타깝게도 우리는 "국가가 잘되면 모든 국민이 이득을 본다(A rising tide lifts all boats)"라는 말이 생각만큼 진실은 아니라는 것을 원치 않게 경험했다. 오늘날에는 오히려 로컬주의라는 작은 물줄기야말로, 지역개발을 위한 경제적 낙수효과를 가능하게 하는 가장 믿을 만한 요인이다.

제 8 장

전략: 성공을 재정의하다

무너진 세계에서의 번영

제7장에서 살펴본 바와 같이 로컬주의 프로젝트는 긴급한 위기 해결에 중요하며, 글로벌, 국내 또는 다국적 캠페인보다 더 효과적일 수 있다. 우리가 직면한 딜레마에 신속하고 효과적으로 대응하기 위해서는 시민, 기업가, 민관, 다양한 기관의 혁신이 필수적이며, 이를 통해 대부분의 해결책을 수립할 수 있기 때문이다. 단일한 솔루션(예: 소규모 지역에 경제적 기회의 씨앗을 뿌려 불균형을 해소하는 것, 지역 주민의 니즈를 직접 해결하고 캠페인의 목적을 강화하기 위해 새로운 제도를 수립하는 것, 시민의 삶을 개선할 기술 도입 등을 위해 개별 캠페인을 진행하는 것)을 통해, 생태계와 파트너십을 형성하고, 그 성공 사례를 타 지역으로 확산시켜 자원, 지식, 아이디어를 실행할 수 있다.

그렇다고 해서 국가가 현재의 위기 상황을 개선해야 하는 중요한 책임을 맡고 있음을 부인하는 것은 아니다. 사실, 광범위한 국가 정책은 가장 고질적이고 장기화된 문제를 해결하는 데 필수적이다. 더욱 공정한 부의 분배를 위한 세제, 국내 외국인에 대한 다양한 요소를 고려한 이민 규정, 기술로 인한 사생활 침해 방지를 위한 안전장치, 미래세대가 AI와의 경쟁에서 지지 않고 오히려 기회로 활용할 수 있도록 하는 고용 프로그램, 온실가스 생성을 줄이는 데 필수적인 기후 정책 등이 좋은 예다.

국민 삶의 질을 개선하기 위한 폭넓은 정책 의제를 실행할 수 있는 역량과 수단을 확보한 것은 중앙정부뿐이다. 그러한 정책적 노력은 지역 및 기업 프로그램을 위한 발판이자 지원체계로서 역할을 할 수 있다. 사실 중앙정부는 적어도 국가의 생존을 위한 거시적 정책 프로젝트를 고민해야 한다. 대부분의 나라에서 지배계층에 대한 신뢰가 상당히 저하되었기 때문에, 행정부는 국민들이 더 밝은 미래를 누릴 수 있는 정치적·사회적 환경을 제공할 수 있다는 것을 조속히 입증해야 한다.

정부는 중요한 역할을 할 수 있으나, 세계 각국의 논의를 보면 안타깝게도 이 책에서 설명한 위기에 실제로 대응할 준비가 되어 있거나 역량을 갖춘 정부는 거의 없다. 해결책을 수립하기 위한 시도가 이루어지지만 국가의 의지나 상상력이 부족하며, 세계가 분열되어 있다는 것만 보여준다. 20세기의 구시대적 관념(그중 상당수는 현재의 글로벌 위기를 야기한 원인이기도 하다)에 기인하며, 공동의 미래를 추구하는 것이 아니라 과도한 양극화를 오히려 부채질하는 데 몰두하고 있다. 이는 성공으로 가는 길과 거리가 멀다. 오늘날의 글로벌 위기 상황을 헤쳐 나가기 위해서는 오히려 모든 국가가 긍정적이고 포용적인 환경을 조성해 ADAPT 위기 해결을 위한 명확한 전략을 세워야 한다. 편협한 지표(한 국가의 개인들이 처한 각각의 경제적·사회적 여건을 고려하지 않는 GDP가 대표적인 예)를 통해서만 국가의 성과를 판단하기보다, 국민들이 누리고 있는 삶의 질과 사회적 공익, 포용도 또는 낙오자 비율 등을 기준으로 스스로를 평가해야 한다.

일반적으로 이러한 전략(상호 의존적이며 포용적인 성장을 강조)은 오늘날 국제사회에서는 찾아볼 수 없다. 그러나 이것은 어느 국가나 도입할 수 있는 전략이며, 이러한 방식을 채택할 가능성이 가장 낮아 보이는 국가에서도 가능하다. 아마도 가장 적절하면서도, 의외의 사례는 영국일 것이다. 영국은 브렉시트에도 불구하고, 분열된 세계에서 각국이 상호 의존성을 인식하도록 하면서도 자국민에게 밝은 미래를 제공할 수 있는 여건을 갖추고 있다. 사실 브렉시트 상황에서 영국은 이와 같은 역할 외에는 별다른 전략적 선택이 남아 있지 않다.

영국은 의미 있는 변화를 이뤄낼 수 있다. 제2장에서 언급했던 중국, EU, 러시아, 미국이라는 4대 강국 또는 지정학적 세력 다툼에서 벗어나 있기 때문이다. 세계 분열이 가속화되고 강대국을 둘러싼 긴장과 불확실성이 예상치 못한 방향으로 흘러가면서, 많은 기업이 사업계획을 세우기 전에 일시정지 버튼을 누른 상태이다. 예를 들어 PwC의 2019년 글로벌 CEO 조사 결과, 미국을 좋은 투자 대안으로 꼽은 응답자는 전년도의 46%에서 하락해 27%에 불과했다. 중국은 33%에서 24%로 하락했다.[1]

조력자(enabler)의 본질적 특징과 영국이 이에 적합한 이유를 이해하기 위해서는, 전후 20세기 싱가포르 상황을 살펴볼 필요가 있다. 국내에서의 대대적 성공뿐만 아니라, 글로벌 환경 조력자로서의 중요한 역할을 잘 보여준 사례다. 1960년대 중반 영국과 말레이시아에서 분리될 당시 싱가포르는 불안정하고 소득수준이 낮은 국가였다. 하지만 리콴유(李光耀) 총리의 리더십을 통해 다국적기업의 허브로 변신했다. 작은 섬

나라에서 안정적인 금융 인프라를 갖추기 위해 싱가포르 달러 국제화 방지, 외국계 은행 업무 제한, 민관 업무 부패 및 공공·민간 부문 간 부패 척결 등의 정책을 실행했다. 리콴유 총리는 세계 최대 기업들을 싱가포르에 유치했다. 그 과정에서 외국인 투자가 폭발적으로 늘어났고 항만을 오가는 세계 교역량이 증가했다.

싱가포르는 무역 및 다국적기업에 피난처(세계화의 윤활유 역할)를 제공하는 한편, 다국적기업이 해외시장에서 안전하게 수익을 달성하며 사업을 운영할 수 있는 기회를 제공했다. 리콴유 총리와 그의 정부는 싱가포르 국민들에게 집중했다. 싱가포르의 현금흐름이 폭발적으로 증가하자, 리콴유 정부는 국내 은행들이 산업 개발 및 인프라 프로젝트를 의무적으로 지원하게 하는 법을 제정해 고용을 창출하고 지역경제를 활성화했다. 실업률은 1960년 약 15%에서 현재 2%로 떨어졌으며, 같은 기간 1인당 GDP는 거의 60배 증가했다. 자유주의 이민정책으로 당시 싱가포르의 인구는 세 배 이상 증가했고, 제조업과 기술 기반 사업을 위한 노동력을 확보할 수 있었다. 또한 싱가포르의 우수한 교육제도를 통해 수만 명의 숙련 노동자들이 배출되었다. 이 또한 리콴유 총리가 국내 수요를 중심으로 예산을 집행했기 때문이다.

1990년 리콴유 총리는 총리직을 사임했지만(31년 재임), 2015년 사망할 때까지 다양한 고문 역할을 했다. 그의 미래 지향적인 정책이 평범했던 싱가포르의 미래를 바꾸었듯이, 리콴유의 리더십 스타일은 매우 중요한 역할을 했다. 그가 택한 방식을 우리는 전략적 실행자(Strategic executor)라고 칭하고자 한다(리더십 스타일과 기타 리더십 패러독스에 대한 상세한 논의는 제12장 참조). 전략적 실행자는 전략을 명확히 제시하고, 지속해서 긍정적인 결과를 도출하기 위해 전략이 진화해야 함을 인식하고 있으며, 즉각적인 필요와 장기적 변수를 모두 고려해 전략을 실행하는 사람들이다. 이러한 리더십은 목표를 설정하고 그 성과를 지속적으로 측정하면서도, 목표 미달인 경우에 방향을 수정하기를 두려워하거나 자만하지 않는 데서 나온다. 리콴유 총리는 이렇게 말했다. "어려움이나 중대한 문제에 직면하거나, 상반되는 사실을 놓고 결정을 내려야 할 때, 나는 내가 제안한 솔루션이 효과가 없는 경우 어떤 대안이 있는지 검토한다. 물론 성공 가능성이 더 높은 솔루션을 선택해야겠지만, 실패하더라도 다른 방법이 있게 마련이다. 막다른 길은 없다."[2]

싱가포르의 성공 신화는 금융-경제 네트워크의 세계화와 국제화가 확대되던 기간과 시기상 정확히 일치한다. 당시 세계의 다른 지역들도 비슷한 방식으로 성공을 거뒀다(두바이, 아일랜드 등). 오늘날 글로벌 환경이 크게 변했고 원하는 결과는 다르지만, 세계 무대에서 싱가포르가 부상하는 데 가장 크게 기여한 네 가지 요인은 (여전히 중요한 의미가 있으며) 눈여겨볼 만하다. ① 유리한 지리적 위치, ② 우수한 교육 시스템(특히 엘리트 대학의 중요성), ③ 강력한 법치주의를 통해 안정적이고 다원적인 민주주의를 구현하고 안전한 사업 환경 구축, ④ 자주 간과되는 부분이기도 한데, 지역사회의 모든 사회계층 및 복지를 개선하기 위한 정책을 바탕으로, 외지인을 받아들이는 포용적 사회를 실현하는 것이다. 포용적 국가는 세계적으로 존경과 신뢰를 받으며, 이로 인해 교육·주거에 매력적이며 다양성을 누릴 수 있는 곳으로 인식된다.

오늘날 싱가포르의 뒤를 이으려는 국가들은 이러한 조건 외에 또 다른 중요한 특징을 하나 더 갖춰야 한다. 복잡한 글로벌 딜레마의 심각성과 4대 강국의 패권 경쟁을 고려하면, 세계경제에서 이미 어느 정도 중요성이 있는 규모여야 하되 위협적일 정도로 커서는 안 되며, 그렇다고 영향력을 줄 수 없을 정도로 작아서도 안 된다는 점이다.

영국의 기회

영국의 EU 탈퇴 결정은 영국과 관련된 최근의 논의에 전반적으로 그림자를 드리우고 있다. 하지만 만약 브렉시트 투표가 없었다면, 영국이 브렉시트 이후 직면하게 될 수많은 근본적인 경제·사회적 문제로 인해 영국의 미래는 여전히 위협을 받았을 것이다. 하지만 지난 수년간 그러했듯이, 이러한 위기도 미봉책으로 가리고 방치했을 것이다. 사실 브렉시트는 영국의 미래에는 가히 혁명적인 변화에 해당한다. 영국 국민과 지도자들이 자국의 약점을 보완하지 않으면 영향력을 잃을 수 있기에, 브렉시트가 영국에 오히려 도움이 될 수도 있다.

영국을 괴롭히는 가장 시급한 문제는 개인 간(영국 전체 자산의 거의 절반을 상위 10% 가구가 점유하고 있다), 런던과 지방 도시 간, 세대 간 빈부격차다. 영국의 제조업 비중은 여느 서방 국가보다 빠르게 감소했다. 1990년 GDP 대비 약 17%에서 현재는 9% 수준이다. 현재 영국의 기술혁신은 재료공학 등 일부 주력 분야를 제외하고는 그다지 눈에 띄지 않는다. 또한 인구는 빠르게 고령화되고 있어, 제2장에서 언급한 세 계층이 위험에 직면해 있다. ① 축적한 자산이 거의 없고 연금도 아예 없거나 일부에 불과한 은퇴 예정자, ② 한창 사회생활 중이며 상당한 부채를 안고 있고, 기술로 인한 파괴적 변화와 경제적 손실 위험이 브렉시트로 인해 그 어느 때보다 큰 중장년층, ③ 적절한 교육을 받지 못한 채 막대한 빚을 진 상태로 졸업하는 대학생들이다.

이러한 본질적 문제들은 서구의 다른 선진국들이 직면한 문제와 크게 다르지 않다. 그러나 영국은 세계에서 중심적 역할을 할 수 있는 위치에 있다. 일부 계층만이 아닌 모두를 위한, 포용적 세계질서의 재탄생을 가능하게 하는 것이다. 동시에 국민 상당수가 겪고 있는 불안정한 상황을 개선할 수 있다. 그러한 조력자의 역할을 하는 데 필요한 특징과 영국이 보유한 역량을 중심으로 비교해 보면, 새로운 관점에서 새로운 그림을 그려낼 수 있다.

지리적 위치: 영국은 EU와 미국이라는 두 강대국 사이에 자리 잡고 있다. 이 나라들 사이의 긴장은 여러 면에서 고조되고 있어 영국은 자연스럽게 중개자, 완충자, 조율자 역할을 할 수 있다.

교육: 영국의 대학 시스템은 세계 각국의 부러움의 대상이다. 5개 대학이 꾸준히 세계 상위 25위 안에 들고 있고, 그 외 여러 대학도 상위에 분포되어 있다. 영국의 일류 학교들은 수십 년 정도가 아닌 수백 년에 걸쳐, 연구 노력과 학문적 성과로 명성을 유지해 왔다. 이 부분이 중요한 이유는 미국이 세계에서 가장 우수하고 똑똑한 학생들을 유치하면서 그동안 가장 많은 혜택을 누리기는 했지만, 이제는 학업을 위해 이민을 희망하는 사람들을 예전만큼 반기지 않기 때문이다.

법치주의: 브렉시트에도 불구하고, 영국은 엄격한 사법제도, 강한 도덕의식, 신중한 의사결정 등의 특징이 있는 비교적 안정된 국가로 평가받고 있다. 전반적으로 안정적인, 다원주의적인 민주주의 국가에 해당한다. 이로써 런던은 금융과 전문 서비스의 중심지로 그 어떤 도시에도 뒤지지 않는다. 브렉시트 이후에는 독립성이 더욱 강화되어, 런던과 영국의 위상이 높아질 것이다.

포용성: 영국은 전반적으로 다양성을 존중한다. 많은 이들이 런던을 제2의 고향으로 여기며 런던을 편안하고 비교적 안전한 곳으로 생각한다. 더 나

은 삶을 찾아 이민을 원하는 사람들이 매우 선호하는 국가로 꾸준히 인기를 얻고 있다.

2019년에 나는 런던경제대학원(이하 LSE)을 방문했다. 캠퍼스 입구의 복도가 좁아, 지나가면서 사람들과 부딪치지 않을 수 없을 정도였다. 사실 나는 여러 학생들(방글라데시, 칠레, 중국, 에티오피아, 사우디아라비아, 미국 등)이 새로운 글로벌 거버넌스 형태에 관해 활발히 토론을 벌이는 광경을 마주했다. 당연히 나도 토론에 동참했다. 이 책에서 다루는 내용들에 대한 무척 흥미로운 지적 유희였으므로 놓칠 수 없었다.

나는 학생들에게 왜 LSE에 다니느냐고 물었다. "여기가 아니면 어디서 이런 대화를 할 수 있겠느냐?"라는 것이 그들의 대답이었다. 학생들의 학생들의 생각은 사실이 아닐 수도 있다. 미국, 기타 유럽 지역, 심지어 인도에도 이런 논의가 이루어질 수 있는 대학들이 있다. 하지만 나는 LSE와 런던에 대한 학생들의 열정을 확인할 수 있었다. 결국 이러한 논의가 런던에서만 가능한 것은 아닐지라도, '영국에서만 가능하다'는 학생들의 자부심은 영국이 젊은 인재들에게 얼마나 매력적인 도시인지 보여준다.

경제 규모: 상대적으로 규모는 작지만, 영국의 GDP는 세계 5위이다.

이러한 영국의 강점은 격변기에 한 줄기 희망의 빛이 된다. 영국이 조력자가 되고자 한다면, 그리고 브렉시트 이후 세계시민으로서 자국민을 위한 국가로 더 나은 미래를 만들어갈 기회를 활용하고자 한다면, 다음의 여섯 가지 전략 부문에서 통합된 노력이 필요하다. 이미 영국의 다양한 정책에 일부 반영된 내용이기도 하지만, 일관성과 구체적 방향성을 갖추고 하나로 통합될 필요가 있다. 우리는 구체적으로 다음을 제안하고자 한다.

① 세계 최고의 인재를 유치하여 영국에서 학업 및 사업을 하도록 장려한다. 영국은 해외 우수 인재를 영입하기 위해, 최고의 인재를 환영하는 국가로서 시민권 부여와 경쟁을 기반으로 한 이민정책으로 학생들에게 문을 활짝 열고 있다는 것을 적극적으로 홍보해야 한다. 젊은 인재들이 학업이 끝난 후에도 사업을 운영할 수 있도록 계속 지원한다는 사실을 강조할 필요가 있다. 이민자 교육으로 인한 영국 국민의 세금 부담을 줄이기 위해 외국인 학생들은 등록금과 기타 비용을 전액 지불하도록 하되, 사립학교에서는 역량은 뛰어나지만 경제적 여건이 어려운 학생들을 지원한다. 이러한 전략과 관련해서는 실리콘밸리의 사례를 참고하면 도움이 될 것이다. 수많은 스타트업이 설립되고 인력을 확보할 수 있었던 것은 대부분 해외 유학생들 덕분이었다. 실제로 미국의 억만장자 스타트업 91개 중 21개사의 창업자들이 해외 유학생으로 미국 생활을 시작한 경험이 있다.[3]

② 국내외 자본을 유치하여 대학과 인접한 혁신센터에 투자한다. 영국에 제2의 실리콘밸리를 조성하기 위해서는 보조금과 세제 혜택을 통해 대학과 신생 혁신 허브 간의 연계를 적극적으로 지원해야 한다. 또한 영국이 투자하기 좋은 곳임을 CEO와 투자자들에게 널리 알려야 한다. 지역경제 불균형을 해소하기 위해 옥스퍼드와 케임브리지뿐만 아니라 런던 외곽 지역에도 혁신 허브를 개발하는 데 집중할 필요가 있다. 이 전략은 제조업의 4차 산업화를 지원해 제조업을 혁신하는 것을 목표로 해야 한다. 이렇게 하여 영국에서 생산된 제품들은 유학생들이 영국에 정착해 혁신 기반 기업들을

창립하게 되면 자연스럽게 그들의 고국 시장으로 수출될 수 있을 것이다.

③ 핵심 분야의 연구와 교육에 집중한다. 실리콘밸리 생태계 접근법은 교육과정(예: 팰로앨토의 스탠퍼드대학교)이 지역의 혁신 허브에서 발전해 온 산업 전략과 연계되는 것을 원칙으로 한다. 마찬가지로 영국도 세계적인 전문성을 확보하고자 하는 분야를 선정해 집중적으로 투자해야 한다. 특히 브렉시트 이후 EU의 자금 지원이 없어지면 이 부분이 더욱 중요해질 것이다. 연구 분야는 현재 인류가 직면한 복합적인 문제를 중심으로, 탈세계화 시대의 새로운 세계질서, 재료공학, 의료 및 헬스케어, 고령자의 삶의 질 향상, 대체에너지, 소프트 자본주의(직원과 고객이 단순히 기업 성공의 동력이 되기보다는 함께 공유하는 것) 등 ADAPT 관련 이슈를 포함해야 한다.

④ 기술에 정통한 인재 육성에 특히 주력한다. 영국이 주력해야 할 연구 분야 중에 한 가지 언급하지 않은 부분이 있다. 매우 포괄적인 성격을 띠므로 별도의 우선순위로 집중해서 살펴봐야 하기 때문이다. 즉, AI, 로봇, 소셜미디어, 통신 장비, 글로벌 네트워크 등의 기술이 사람들의 웰빙을 위협하지 않는 선에서 인류의 시급한 문제를 해결할 수 있도록 하는 '기술의 인간화'이다. 이를 위해 영국은 가장 중요한 기술 분야의 인재 양성에 중점을 둔 명확한 교육과정 전략을 수립하고, 학생들이 인류의 시스템과 인간의 고유한 특성을 이해할 수 있도록 교육해야 한다. 이 전략이 제대로 실행되기만 한다면, 영국의 인재들은 기술의 중요성이 증대되는 미래에 더욱 효과적으로 대비할 수 있을 것이다. 또한 평생학습 과정의 일부로서, 유용한 기술을 개발하고 설계할 수 있는 창업 교육과 전문적 인재 양성을 추진하는 동시에, 기술의 잠재적 부작용을 완화해 기술이 포용적 사회에 기여할 수 있도록 해야 한다.

⑤ 주요 경제국과 FTA를 체결한다. 개방적 교역 공동체인 EU를 탈퇴하면, 영국은 세계 경제대국 및 새롭게 부상하는 지역(미국, 중국, 인도, 중동, 아프리카 주요 국가 등)과 상대적으로 부담이 적은 무역협정을 체결하는 수밖에 없다. 이러한 무역 협상은 인도, 중동, 아프리카 등과 인재 양성을 위한 구체적 합의의 기회로 보아야 한다. 영국 교육기관과의 협력 프로그램을 통해, 교역 대상국의 대학 및 교육 전문성 개발 가속화를 목표로 삼아야 할 것이다. 이를 통해 영국에서 생산된 아이디어, 서비스 또는 제품을 판매할 수 있는 시장이 자연스럽게 형성되고, 향후 창업 및 혁신적 벤처기업을 위한 최고의 인재를 확보하고 유치하는 도구로 활용할 수 있다.

⑥ 영국을 다중심(multinodal) 세계의 중심적 연결점으로 만든다. 영국은 유럽 국가들과 밀접하고 오랜 관계를 유지하면서도 독립성을 확보해 왔고, 미국과도 우호적인 관계를 유지하고 있다. 이렇듯 특수한 지정학적 위치를 활용해, 글로벌 리더와 싱크탱크가 함께 모여 중요한 사안을 논의하고 합의를 이룰 수 있는, 비교적 중립적인 국가로 포지셔닝해야 한다. 영국은 이러한 역할을 통해, 격동의 시기에도 안정적이고 믿을 수 있는 금융 및 상업 중심지로 더욱 입지를 굳히게 될 것이다.

이러한 조력자 전략을 통해 영국은 다양한 장점을 누릴 수 있다. 국내에서는 새로운 교육 기준과 목표가 수립되어, 졸업생들이 향후 고부가가치 일자리에 필요한 역량을 확보할 수 있다. 또한 그러한 유망 분야를 예측하는 데도 도움이 된다. 영국의 기술경쟁력 격차가 줄고, 산업과 서비스 경제 기반이 활성화되며, 새로운 아이디어를 통해 혁신 기업들이 탄생할 수 있는 여건이 마련될 것이다. 평생학습 교육과정을 통해, 자동화로 대체된 중간 경력 전문직 종사자들이 새로운 역량을 확보해 더 우수한 일자리를 찾을 수 있고, 기본 서비스 종사자와 자영업자의 전문성과 급여 수준이 전반적으로 개선된다. 이는 은퇴자들에게도 긍정적이다. 세수 기반이 크게 확대되어, 필요한 공공서비스 예산을 확보할 수 있기 때문이다. 특히 의료 및 헬스케어에 중점을 둔 연구가 진행된다면, 헬스케어 서비스를 낮은 비용으로 지속적으로 제공할 수 있게 될 것이다.

다른 국가도 혜택을 누릴 수 있다. 오늘날 다양한 전후 체제가 쇠퇴하고 구 동맹이 붕괴하면서, 세계는 무기를 내려놓고 함께 모일 수 있는 공간이 절실히 필요한 상태에 놓여 있다. 앞서 말한 전략의 일차적인 우선순위는 영국의 인재 유치이지만, 그중 적지 않은 학생들이 결국은 고국에 기여하고자 할 것이며, 이를 통해 공동의 책임감과 공동체 의식이 생겨날 것이다. 가장 관심 있게 지켜볼 부분은 영국이 스스로 만들어낼 새로운 서사다. 국가를 하나로 엮는 끈이 없이 국민들이 각자 표류하는 듯한 기분으로 자신의 운명을 통제할 수 없었던 상황에서, 이것은 더욱 절실한 부분이다.

도파스코의 흥미로운 사례

이 장 서두에서 언급한 바와 같이, 복잡한 위기 대응을 위한 해결책과 행동주의를 위해서는 개인 및 지역 단위 프로젝트에 더 의존하게 될 것이다. 분열된 세계에서 국가에 주어진 과제에 대해서도 설명했다. 국가 단위에서 시행될 수 있는 대규모 글로벌 계획과 관련해 중요한 점이 있다. 기업이 대규모의 포용적 방식으로 직원, 지역사회, 세계의 복지를 유지하고 강화하는 과정에서, 그 역할과 책임을 국가 계획에 어떻게 반영할 것인가 하는 부분이다. 결국 모든 기업은 생산직에서 임원까지, 국내 및 해외, 한두 명에서 수십만 명에 이르는 근로자들의 삶의 질에 상당한 영향을 끼치고 있다. 공장, 창고, 사무실 등이 위치한 지역사회에도 동일한 영향을 미친다. 국가가 국민과 글로벌 파트너에 대한 책임을 이행하기 위해 노력하는 것과 마찬가지로, 기업도 근로자, 고객, 협력사, 환경에 대한 의무를 중요하게 받아들여야 한다. 이것이 기업의 단기적 성과와 장기적 가치를 결정짓는다.

GDP는 국민과 지역사회의 전반적인 만족도, 경제적 성과, 미래 전망을 나타내는 지표로서 미흡한 점이 많다. 마찬가지로 주주 가치는 기업의 성과를 평가하기에 불충분한 잣대인데도, 우리는 이에 지나치게 의존하고 있다. 주주가 투자를 통해 얻는 가치를 판단하기에는 적절한 기준이지만, 지역사회, 고객, 협력업체, 사업 환경에 대한 기업의 영향과 직원 참여의 형평성을 판단하기는 매우 어렵다. 즉, 상호의존성과 포용성은 가장 심각한 위기를 극복하고 기업이 성공하는 데 필수적이지만, 주주 가치는 이를 반영하지 못하고 있다. 국가의 경우와 마찬가지로, 포괄적인 시각에서 자신의 역할을 인식하는 기업은 거의 없어 보인다.

기억에 남는 한 기업이 있다. 과거 세계가 실존적 위협에 직면했을 때, 상호의존적이고 포용적인 방식이 중요하고 효과가 있다는 것을 확실히 보여준 사례다. 바로 철강기업 도파스코(Dofasco)인데, 내가 직접 체험해 잘 알고 있는 곳이다. 앞서 밝혔듯이, 나는 온타리오주 해밀턴에서 태어나 자란 것이 행운이라고 생각한다. 경제적으로 번영하는 도시였다. 아버지가 도파스코에서 근무하셨던 것도 행운이다. 해밀턴에서 두 번째로 큰 사업장으로, 주(州)의 세수 확보에도 기여하고 있었기 때문이다. 도파스코는 1912년 캐나다의 기업가 클리프턴 셔먼(Clifton Sherman)이 설립했다. 원래 회사명은 도미니언 파운드리스 앤드 스틸 컴퍼니(Dominion Foundries and Steel Company)였으나 이후 도파스코로 줄여 부르게 되었다. 철로 건설 자재가 철(iron)에서 강(steel)으로 바뀌면서, 도파스코는 1929년 대공황으로 세계 제조업 시장이 무너지기 전까지 상당한 수익을 거뒀다. 클리프턴은 회사 설립 직후 업계에 뛰어든 동생 프랭크(Frank)와 함께 대공황을 극복하기 위한 전략을 세웠다. 당시로써는 상상할 수도 없었던, 그리고 지금 보더라도 꽤 파격적인 방법이었다.

도파스코의 경영진은 긴축 경영과 갈등 유발로 직원들에게 타격을 주거나 경영난을 직원들의 탓으로 돌리지 않았다. 조직을 하나의 공동체로 여기며 모든 직원을 동등하게 대우하는 정책을 수립했다. 경제 상황이 안정되면 그러한 경영 방식이 성과를 거둘 것이라고 예상했다. 실제로 그러한 정책들이 기업의 핵심 원칙이 되었고, 향후 수십 년간 조직 문화의 근간이 되었다. 수백 명의 근로자를 해고하는 대신, 전 직원의 근무시간을 단축했다. 경력이 가장 많은 직원의 임금을 줄여 근무시간 단축으로 가족을 부양하기에 급여가 충분치 않은 직원들을 지원했다. 또한 조직 전체가 함께 위기를 헤쳐 나갈 것이라는 믿음을 주면서, 셔먼 형제는 건의 제도를 만들었다. 운영 개선이나 고객 서비스에 대한 어떤 제안도 진지하게 검토해 보는 제도였다. 그리고 캐나다 최초로 성과공유(profit-sharing) 제도를 도입했다.

시간이 지나면서 이러한 포용적 문화를 뒷받침하는 다른 제도도 도입되었다. 그중 내가 가장 좋아했던 것은 연말 파티다. 축제 시즌에 제철소 한 곳을 장식해 파티를 여는 것이다. 직원과 가족을 포함해 거의 5만 명이 참가한 적도 있었다. 모든 가족은 음식 꾸러미를 받았고, 모든 아이들은 선물을 받았다. 도파스코는 이미 오래전부터 해밀턴뿐만 아니라 회사가 소유한 캐나다 북부 철광석 광산 주변 지역을 위해 직업교육, 예술 및 문화 사업, 환경보호 등을 지원하는 프로그램을 추진했다. 당시로서는 매우 획기적인 일이었다.

이러한 경영 방식은 큰 성공을 거두었다. 대공황의 그림자가 서서히 걷히고 특히 제2차 세계대전으로 인한 산업 성장이 본격화되기 시작하자, 도파스코는 의욕적이고 숙련된 인력을 이미 충분히 확보하고 있었기에 폭발적인 철강 수요에 대응할 수 있었다. 도파스코가 1980년대까지 꾸준히 기록적인 수익을 내는 동안 경쟁업체들은 따라가기에 벅찼다. 그 무렵 창업주 3세가 회사를 물려받고, 서먼 형제는 전문 경영인에게 경영권을 넘겨주었다. 그들은 MBA 교육을 받은 외부 인사들로, 교육받은 바에 따라 주주 가치를 매우 중시하는 사람들이었다. 기업문화는 진보적 분위기를 잃었고 1990년 글로벌 경기침체기에 세계 2위 철강 생산업체인 룩셈부르크의 아르셀로(Arcelor)에 인수되었으며, 3개월 후 최대 철강업체인 인도의 미탈(Mittal)에 인수되었다. 현재 도파스코는 수익성이 떨어졌으며, 선도적이고 포용적인 해밀턴의 우수 기업이라는 이미지도 사라졌다.

도파스코가 과거의 유물이라고 생각하는 사람도 있지만, 그 역사는 오늘날에도 상당한 의미가 있다. 물론 명백한 차이점도 있다. 도파스코보다 영향력이 훨씬 큰 기업들도 많이 있다. 이 기업들은 직원, 협력사와 사업장이 위치한 지역사회에서 훨씬 큰 영향력을 발휘하고 있다. 따라서 성공에 대해 상호의존적이고 포용적인 시각으로 접근할 때의 장점뿐만 아니라, 과도하게 편협한 시각을 갖는 경우 단점도 크게 나타난다. 도파스코의 사례에는 오늘날에도 적용될 수 있는 놀라운 사실이 있다. 주주 가치가 '긍정적 기여'를 추구하는 포용적 전략과 대립하지 않는다는 것이다. 특히 위기 시에는 상호의존성과 포용성이 가장 의미 있는 전략 지표가 될 수 있을 것이다.

◎ ◎ ◎

　이번 장에서는 필요한 특성을 갖춘 국가들이 새로운 포지셔닝을 통해 세계 변화에 효과적으로 대응하면서도, 자국민과 타국민들의 삶을 개선할 수 있다는 것을 설명했다. 주주뿐만 아니라 모든 주요 참여자가 혜택을 공유할 수 있는 경영전략은 기업의 성공에 매우 중요하므로, 기업이 이러한 전략을 어떻게 고려해야 하는지 제시해 보았다.

　영국의 사례를 중점적으로 다루기는 했지만, 이 같은 노력은 모든 국가에 필요하다. 국가의 특수한 상황을 고려하고, 문제 해결을 위한 강점과 약점을 파악하여 세계의 상호의존성을 효과적으로 활용하고, 모든 국민이 포용적 성장을 누릴 수 있는 확실한 전략을 수립하는 것이다. 국가·기구·제도 등 모든 단위에서 글로벌 위기 해결을 위한 솔루션을 수립하고 행동주의를 촉진하는 것은 분명히 필요하지만, 오늘날의 세계에서도 국가가 가장 의미 있는 정치 단위라는 사실은 변함이 없다.

제 9 장

구조: 무너진 제도의 회복

확고한 기초 수립

제도(institution)라는 용어는 다양한 영역을 포함한다. 정치, 보건, 법률, 금융 시스템, 조세제도, 언론 모두 제도에 해당한다. 학교, 경찰, 자선단체, 종교도 당연히 포함되는, 매우 포괄적인 개념인 것은 분명하다. 그러나 모든 제도의 한 가지 공통점은 이들이 지역과 글로벌 사회의 원활한 운영에 결정적 역할을 한다는 것이다. 사회제도가 올바르게 작동하면 사회는 안정적으로 운영될 수 있다.[1] 공정한 재판, 평등한 대학 입학 요건, 균형 잡힌 언론보도 등 우리는 사회제도에 기대하는 바가 있다. 제도가 부패한 경우가 아니라면, 일반적으로 기대에 부응한다. 기본적으로 제도는 쉽게 변화하지 않으며, 그러한 일관성이 폭넓은 신뢰의 근간이 된다.

하지만 지금은 정상적인 시대가 아니기에, 제도는 더 이상 과거의 사고대로 움직일 여유가 없다. 변화의 속도가 세계질서를 영원히 바꾸어, 소수만 혜택을 보고 다수가 피해를 입을 수도 있다는 두려움이 깊이 자리 잡았다. 가차 없는 파괴적 변화, 세계 정치 및 사회 분열의 시대에 제도도 함께 변화해야 한다. 한발 더 나아가 위협적인 경제적·정치적·사회적 추세에 발맞추기 위해 스스로를 혁신하는 방법을 배워야 한다. 그 과정에서 현대적인 사회제도는 사회를 통합하고 어두운 미래를 헤쳐 나가는 전통적인 역할로 돌아가게 될 것이다. 안타깝게도 많은 사회제도는 이미 실패해, 비판의 대상이 되어 점점 그 가치를 잃어가고 있다.

대규모 조직의 변화 관리에 대해서는 수많은 연구와 검증된 분석이 진행되었다. 그처럼 광범위한 내용을 다루는 것이 이 장의 목적은 아니다.[2] 그 대신 아주 특별한 네 명의 사례를 통해, 쇠퇴하는 제도의 근간을 어떻게 과감하게 재구성했는지 살펴보고자 한다. 새로운 시대에도, 사회제도가 의미 있는 역할을 할 수 있게 하는 4단계 로드맵을 제시한다. 그중 세 명은 제4장에서 설명한 제도의 문제, 즉 언론, 국제 다자기구, 교육의 역기능에 따른 부정적 결과를 해결했다. 나머지 한 명은 제도가 지역사회와 어떻게 다시 연계될 수 있고, 되어야 하는지를 보여준다. 그러한 연계가 없다면 제도의 실패는 이미 예고된 것이나 다름없다. 사회제도는 수많은 난관에 직면해 있다. 하지만 곧 살펴볼 사례에서와 같이, 훌륭한 리더는 제도적 실패를 막기 위한 전략을 통해 제도가 본래의 목적대로 사회 안정과 개선, 사회적·경제적 발전 증진이라는 필수적 역할에 충실하도록 만들 수 있다.

1단계: 언론 – 핵심원리 규명, 활성화

사회제도 중 제4계급이라고 알려진 언론계는 힘든 시기를 겪었다. 기술 발전과 양극화로 인해, 뉴스의 문지기라는 필수적인 역할, 그리고 진실과 거짓을 구분하기 점점 어려워지는 정보의 홍수 속에서 객관적 사실의 전달자 역할을 수행하는 데 점점 실패하고 있다. 하지만 언론사 피어슨(Pearson Plc. 펭귄북스, ≪이코노미스트≫, ≪파이낸셜타임스≫ 등을 발간)은 이러한 위기에 맞섰으며, 언론의 역할을 위협하는 요소에 굴복하지 않았다.

피어슨이 가장 힘든 시기를 버틸 수 있도록 이끈 사람은 마저리 스카디노(Marjorie Scardino)다. 스카디노는 파격적인 시도를 통해, 영국의 가장 상징적인 (하지만 무너지고 있는) 조직에서 CEO까지 올랐다. 미국 애리조나에서 태어나 텍사카나에서 성장했으며, 어린 시절에는 로데오 배럴 경주 경험도 있다. 배일러대학교를 졸업할 때까지 텍사스에서 지냈고, 로스쿨 졸업 후 10년간 변호사 생활을 하다가 남편과 함께 ≪조지아 가제트(Georgia Gazette)≫라는 주간지를 창간했다. 상당한 성공을 거둬 퓰리처상도 수상했다. ≪가제트≫ 운영 경험을 바탕으로 ≪이코노미스트≫ 북미 사업부의 임원까지 올랐다. 당시(1980년대 후반)에는 사실 사업부라고 할 것까지도 없었다. ≪뉴스위크(Newsweek)≫와 ≪타임(Time)≫이 시장을 주도하고 있었기 때문에, ≪이코노미스트≫는 주로 영국에서 집필 및 제작되어 미국 내 인지도가 낮은 때였다.

스카디노는 팀원들과 함께 새로운 방향을 설정했다. 북미 사업부를 이끈 지 6년 만에, 미국 내 판매 부수는 10만 부에서 23만 부로 두 배 이상 늘어났다. 스카디노는 글로벌 사업 담당으로 승진했고, 1997년에는 임원이 되었다. FTSE 100대 기업(Financial Times Stock Exchange 100) 최초의 여성 CEO이자, 피어슨 최초의 미국인 CEO라는 기록을 세웠다. 스카디노가 취임했을 당시 피어슨은 여전히 대규모 다국적기업이었지만,

방향성을 잃었고 특히 정체성까지 잃은 상태였다. 피어슨은 출판 사업을 통해 영국의 신뢰받는 언론사로 명성을 얻었지만, 다른 사업까지 문어발식 확장을 해왔다. 투자은행 라자드(Lazard), 손실을 내던 기술업체 마인드스케이프(Mindscape), 마담 투소(Madame Tussaud)의 밀랍인형 등이 대표적이었다.

핵심 사업과 무관한 이러한 사업들은 당연히 접어야 했다. 하지만 회사를 정상화하기 위해서는 그것만으로는 부족했다. 무엇보다 1990년대 말 언론사들은 인터넷이라는 대대적인 변화의 소용돌이에 빠지게 되었고, 이는 뉴스의 수집과 전달 방식을 완전히 바꾸어놓았다(≪뉴욕타임스≫는 1996년부터 온라인 서비스를 시작했다). 이러한 상황에서 스카디노는 투 트랙(two-track) 전략을 세웠다. 먼저, 피어슨의 브랜드를 독립시키는 것이다. 고객들이 왜 피어슨을 신뢰하는지, 피어슨의 핵심 철학이 무엇인지 고민했다. 둘째, 피어슨만의 강점을 더욱 강화해 새로운 글로벌 환경에서 의미를 갖게 하는 것이었다.

첫 번째 부분은 비교적 쉬웠다. 피어슨은 150년 가까이 우수하고 정확하며 신중하게 제작한 콘텐츠를 균형 잡힌 시각으로 전달하는 역할을 해왔다. 그로 인해 피어슨은 차별화되고 의미 있는 언론사가 될 수 있었다. 스카디노가 안고 있는 문제는 피어슨의 이미지를 개선하고, 필요에 따라 적절히 가감하는 등 이미지를 현대화하는 것이었다. 콘텐츠를 강화하기 위해 자격시험, 학술 출판, 임원 교육 등을 아우르는 교육 사업을 인수했다. 동시에 ≪파이낸셜 타임스≫와 ≪이코노미스트≫ 사업을 해외시장과 온라인 플랫폼으로 확대했으며, 다양한 온라인 채널을 통한 디지털 전략을 수립했다. 스카디노가 CEO로 취임해 2012년 물러날 때까지, 회사의 수익은 세 배 성장했다. 특히 가장 중요한 것은 ≪이코노미스트≫가 세계에서 가장 신뢰받는 공정한 전문 언론 매체 중 하나로 인정받게 되었다는 것이다.

조직에 다시 활기를 불어넣기 위해서는 먼저 그 목적을 명확히 정의함으로써 의미 있는 성과를 얻을 수 있다. 어떤 방법으로 조직을 발전시키고 시대의 흐름에 발맞출 수 있을지에 대해 고민해야 더욱 명쾌한 해답을 얻을 수 있다. 조직의 핵심 원칙은 의사결정의 근간이 되고, 미래의 방향을 구상하는 언어가 된다.

2단계: 다자 기구 - 분열된 세계 속에서의 개혁

세상이 절망스러울 정도로 분열된 곳이라는 사실에는 누구나 동의할 것이다. 심각한 빈부격차, 기술 발전에 따른 무력감, 믿을 만한 뉴스와 정보를 통해 사회가 통합되는 것이 아니라 온라인-오프라인 커뮤니티의 반향실 효과로 오히려 분열되는 것 등을 모두 우려하고 있다. 주변을 둘러봐도 불이익을 당하는 약자들이 많다. 그러한 환경에서 제도의 역할은 사회분열의 원인이 되는 두려움을 인식하고, 적극적인 참여로 시민들의 우려를 해결하는 것이다. 하지만 중요한 사회제도는 대부분 그러한 역할을 전혀 하지 못하고 있다. 특히 가장 큰 문제는 국가 간, 다자간 협력을 위해 필요한 제도(ADAPT 문제 해결에 필수적인 바로 그 제도들)가 분열된 사회에서 역할을 수행할 준비가 전혀 되어 있지 않다는 사실이다.

독일의 경제학자 데니스 스노버(Dennis Snower)는 2017년 기존의 견해와는 완전히 다른 새로운 결론을 내놓았다. 이는 사회제도가 심각한 위기에 직면해 있음을 보여주는 것이었다. 그는 세계적으로 인정받는 경제학자로 제도, 심리, 노동, 행동경제학 등을 넘나들며 일반적인 경제학자들의 연구 범위보다 훨씬 다양한 분야에서 전문성을 갖추고 있다.[3]

철저한 세계주의자로서, 경제성장과 사회적 번영은 연결되어 있으며 제도의 통합이 세계적 성공의 토대라는 견지를 오랫동안 유지해 왔다.

2017년 독일 정부는 G20 함부르크 정상회담의 의제 준비를 그에게 요청했다. 스노버는 선진국들이 매년 모이는 G20 회의(모든 국가가 따라야 할 번영의 청사진을 그리기 위해, 표면적으로는 애쓰고 있는 가장 대표적인 제도)가 구시대적인 발상에 기반을 두고 있다고 생각했다. 스노버가 지적한 바와 같이, 최근 많은 경제국들은 생산과 소득 성장을 꾸준히 달성하고 있지만, 국민 대부분은 그 혜택을 누리지 못하고 있다. 삶의 질은 악화되거나 심각한 상태가 되었다. 세계화된 시장경제에서 무력감을 느끼고, 스스로 운명을 개척할 수 없는 상황에 처해 있으며, 기존 지역사회가 분열되는 것을 보며 불안해하고 있다. 고용··임금·환경·주거·교육 여건이 모두 악화되고 있다. 스노버는 경제적 이익과 사회발전을 동시에 추진할 수 있는 방법을 고민했다. 그는 "G20의 근본 목적은 가장 취약한 계층부터 전 세계 시민들의 니즈를 충족시키는 것임을 기억해야 한다. 경제적 성장과 재무 건전성은 이를 위한 수단에 불과하다"[4]라고 설명했다.

스노버는 G20 국가들이 그들이 속한 (그리고 책임을 지고 있는) 세계가 분열되고 있음을 인식하지 못한다고 비난했다. 그리고 견해를 바꿔, 다자주의 기구를 재편하는 고된 작업을 시작했다. 그의 표현에 따르면, 경제발전과 사회발전을 재결합하는 것이었다. G20 정상회담의 논의 방식을 바로잡아야 했다. 일반적으로 매년 주최국의 정상이 논의하고 싶은 우선순위를 제안하면, T20이라는 싱크탱크(독일 G20 회담에서는 스노버가 이를 이끌었다)가 연구를 거쳐 해당 안건에 대해 정책 의견을 제시한다. 그러한 방식 때문에 매년 다양한 주제를 다루기만 하고 지속적인 후속 논의가 이루어지지 않았다. 추진한 경제 전략이 효과가 있었는지, G20 국민들이 사회적 혜택을 누리고 있는지를 확인하는 절차가 부재했다.

스노버는 새로운 방식을 제안했다. 글로벌 솔루션 이니셔티브(Global Solutions Initiative: 이하 GSI)라는 새로운 조직을 구성해 T20과 연계하는 것이었다. GSI는 다양한 싱크탱크와 아이디어 리더로 구성되며, 가장 시급한 사안을 해결하기 위해 G20이 다루어야 할 공통적인 사회문제를 지속적으로 연구한다. 이를 통해 T20은 G20의 핵심적인 기획 업무를 담당하면서, 의제 수립 기능을 강화한다. GSI는 기본적으로 경제적 번영과 사회적 번영이 서로 분리될 수는 있으나, 다시 연계시키고 인간 행복에 집중하게 하는 것이 G20의 역할이라고 보았다. 이는 복잡다단한 G20 구조에서 기본 전제가 되었다.[5] T20은 상부 조직인 G20이 국민들이 일상에서 겪는 긴급한 문제들을 간과하지 않도록 하면서, 주최국이 원하는 의제가 다루어질 수 있도록 G20에 유연성을 제공하는 역할을 했다.

스노버는 이처럼 훌륭한 해결책을 고안해 냈다. 3년이 흐른 지금, 그의 방식은 G20 정상회담의 전반적인 기조와 윤곽을 바꾸는 데 이미 성공을 거두고 있다. 스노버는 언뜻 보기에는 조용한 성격이라서, 세계 최대 기구를 재편하는 엄청난 사람이라고 생각하기 어렵다. 하지만 그가 이러한 성과를 거둘 수 있었던 것은, 서로 상반되는 두 가지 자질을 갖췄기 때문이다. 그는 매우 겸손한 사람이다. 독일의 많은 동료 학자들이 그의 새로운 견해에 반대했을 때에도, 그는 반박당하는 것을 두려워하지 않고 자신이 평생 주장해 온 가설이 잘못되었음을 기꺼이 인정했다. 겸손하면서도 매우 똑똑한 사람이었기에, 다양한 이론과 견해를 가진 전문가들이 함께 모여 공통의 목표를 위해 노력할 수 있는 분위기를 만들 수 있었다. 특히 놀라지 않을 수 없는 것은, T20 팀원들이 대부분 경제·재정 정책 등 G20이 전통적으로 주력해 온 분야의 전문가였으며, 사회적 번영을 하나의 목표로 놓고 고민해 본 적이 없기 때문이다.

세계 문제 해결에 대한 입장이 확실해지면서, 스노버는 세 가지 사실에 주목했다. 먼저, 사람들은 각자 다른 정체성을 갖고 있다. 취미, 관심사, 인종, 종교, 지역, 국가, 도시, 좋아하는 음식 등 그 기준도 매우 다양하다. 이러한 정체성의 다양성은 점점 더 강조되고 있다. 따라서 민족국가가 정체성의 근원이라는 개념은 전혀 당연하지 않다. 둘째, 국가는 최적의 정치적 경제(political economy)에 대해 서로 다양한 의견을 주장하고 있다. 셋째, 그럼에도 불구하고 무역, 세계금융, 기후변화 등의 중요한 사안에 대해서는 모두 목적의식을 갖고 함께 협력해야 한다. 따라서 스노버는 다양한 통치기구에서 글로벌 거버넌스를 재조명하고, 최대한 지역적인 단위에서 문제를 해결할 것을 제안하고 있다.[6] 어느 단위에서든 거버넌스에 관한 결정을 내릴 때 기본 전제로 삼아야 할 것이 있다. 우리가 살고 있는 이 세계에서는 최선의 방책에 대해 모두 견해가 다르고, 원하는 바와 정체성이 서로 다르다는 사실이다. 이것은 지난 70년간 암묵적으로 세계질서를 형성해 온 원리와 완전히 배치되는 내용이다. 민족국가인 소수의 강대국들은 그동안 국제기구를 독점하면서 컨센서스를 얻고자 했던 것이다.

스노버는 G20이 사회제도를 통해 세계의 균열을 해결할 수 있도록 했다. 그의 접근법은 규모가 큰 사회제도에 가장 쉽게 적용할 수 있다. 하지만 세계경제가 통합될수록, 세계사회와 정치제도는 더욱 분열되었다. 따라서 서로 경쟁하기보다는 서로 보완하는 방식으로 사회·경제·정치 변화를 통해 문제를 해결하는 것이 더 중요해질 것이다. 교육 분야에서는 교실에 먼저 집중하고, 치안 분야에서는 주변 지역에 먼저 집중한다. 정치에서는 구·지역·거리 단위에 집중하고, 헬스케어에서는 예방의학과 개인의 건강에 집중하는 것이다. 인류는 항상 소그룹 간의 협력을 통해 위기를 극복해 냈다. 세계 문제를 해결하기 위해서는 소규모 단체들이 국내 및 국제 기구들과 조화를 이루어 협력해야 한다는 것을 기억할 필요가 있다.

3단계: 교육 - 변화 실행 역량 가속화

이 책에서는 교육기관이 제대로 기능을 못하고 있다는 사실을 반복해서 언급하고 있다. 초등학교에서부터 고등학교, 대학에 이르기까지 많은 학생들은 급변하는 기술 시대에서 성공하고 발전하는 데 필요한 내용을 충분히 배우지 못한다. 가장 효과적인 최고의 교육은 엘리트 학교에 다닐 여건이 되는 소수의(그리고 점점 줄어드는) 학생들만 누릴 수 있다. 다시 말하자면 기술, 인구 변화, 사회경제적 불평등 등 세계적인 문제 때문에 교육의 가치도 빠른 속도로 문제가 되고 있다. 결국 사회제도로서의 교육은 마비 상태에 있다. 외부의 영향, 스스로 자초한 위기 등의 소용돌이 속에서 변화할 능력을 상실하고, 위기에서 벗어날 출구를 찾지 못하고 있다.

이러한 딜레마에 어떻게 대응해야 할지 모든 교육자가 정답을 알고 있는 것은 아니다. 하지만 짐 단코(Jim Danko)는 당연히 해낼 수 있는 사람이다. 내가 그를 알게 된 것은 1996년 그가 듀크대학교에 면접을 보러 왔을 때였다. 그때 학교는 허리케인 때문에 3일간 휴교했었다. 나는 짐과 교육제도의 문제점에 대해 현실적인 방안과 이상적인 대안들을 아우르며 여유롭게 이야기를 나눴다. 태풍 때문에 호텔 냉장고에 전기가 들어오지 않아, 아이스크림이 녹기 전에 같이 나누어 먹기도 했다.

15년 후 단코가 버틀러대학교의 총장이 되었을 때, 우리는 대학 교육의 미래를 위해 다시 뭉쳤다. 그는 현재의 글로벌 환경에서 교육제도의 존재론적 문제에 부딪혔다. 변화 속도가 너무 느려서 시대의 흐름에 부응하기 어렵다는 것이었다. 버틀러대는 인종, 피부색에 관계없이 모두가 양질의 교육을 받을 자격이 있다는 철학으로 1855년 설립되었다. 남북전쟁 전 시기에 매우 도발적인 아이디어였다. 교육철학은 변화를 거쳤지만, 버틀러대는 누구에게나 열려 있는 양질의 교육이 필요하다고 누누이 강조해 왔다. 중서부 지역 최고의 대학으로 꾸준히 선정되는 등 우수한 성과를 냈다.

하지만 단코는 이에 만족하지 않았다. 그는 현장형 지식인이며, 우리가 정답이라고 생각했던 방법에 대해서도 간과한 부분이 있을 수 있다고 생각하는, 교육자로서 훌륭한 자질도 갖추고 있다. 그는 버틀러대가 과거에 안주하고 있으며, 학생들에게 오늘날 세계에서 필요한 교육을 제공할 만큼 빠르게 변화하지 못하고 있다고 우려했다. 그는 세 가지를 가장 고민했다. 첫째, 대학은 학생들이 기술혁명에 대비하도록 준비시키지 못하고 있다. 둘째, 사람들은 졸업 후에도 평생교육에 대해 관심이 있으나, 이에 대한 대학의 대응은 점점 퇴보하고 있다. 셋째, 취직 실적이 좋은 학교들은 주로 부유한 가정의 학생들을 선발하고, 양질의 교육이 가장 필요한 학생들에게는 적극적으로 홍보를 하지 않기 때문에, 대학이 경제·사회적 불평등을 더 심화하고 있다. 오히려 대학은 각 주(州)의 상위 엘리트 학교에서 학생들을 선발하기 때문에, 일반 학교에 다니는 우수한 학생들은 기회를 얻지 못한다.

그는 이것이 버틀러대의 보수화로 인한 병폐라고 보았다. 현재의 위기는 시간이 지난다고 해결되는 것이 아니며, 근본적이고 새로운 문제들이다. 따라서 사회제도는 자체적인 개혁을 통해 문제를 해결해야 한다. 그렇지 않으면 관성에 젖어 퇴보되기 쉽다. 대학 이사회에 이를 설득하기 위해, 단코는 나에게 ADAPT 모델에 대해 설명해 줄 것을 요청했다. 경제적 번영에 따른 위기는 왜 발생했으며, 기술이 사람들의 삶을 어떻게 파괴적으로 변화시키고 일자리를 위협하는지 자세히 설명해 달라는 부탁이었다. 서서히 진행되는 인구 변화와 양극화의 위험, 사회제도가 사회문제를 방관하면서 제대로 역할을 하지 못해 신뢰를 잃어가는 것 등에 대해 다뤄주기를 기대했다. 단코는 "이사회가 신뢰할 수 있는 분이 오셔서 저보다 강력하고 확실하게, 깊이 있게 그 내용을 다뤄주셨으면 합니다"라고 말했다. "ADAPT의 극단적인 모습을 그려주시기 바랍니다. 대학의 관점만이 아니라, 사회 전반적인 위험에 대해 말씀해 주셔야 합니다."

나는 그의 요청을 받아들였고, 결국 단코는 버틀러대 이사회로부터 혁신적인 계획에 대한 승인을 얻어낼 수 있었다. 대학의 의미 있는 전통적 요소는 그대로 두고, 본질을 바꾸는 동시에 혁신과 실험을 위한 기반을 마련하는 계획이었다. 이는 세 가지 요소로 이루어져 있다.

① 새로운 대안이 될 단체를 구성한다. 대학에 소속된 거버넌스 구조로부터 독립된 형태로 구성해, 학생들을 위한 새로운 사업을 신속하게 실행하고, 혁신적인 아이디어를 실험해 보고, 실패를 수용하고 실패를 통해 배우는 장이 되게 한다. 이사회도 버틀러대의 전통적인 운영 방식으로는 이것이 불가능하다고 보았다. 평생학습 모델은 어떤 형태로 운영이 되는지, 사업 비용이 좀 더 낮으며 시도해 볼 만한 학부 프로그

램은 없는지, 순수 기술 기반 학위는 어떻게 구성할 것인지 등을 고민해야 할 것이다. 가장 중요한 것은 일반적인 방법보다 더 빠르게, 시도되지 않은 새로운 교육 및 평생학습 개념을 실험하고 실행할 수 있는 환경을 만드는 것이다. 궁극적으로는 대학이 빠르게 변화할 수 있게 하고, 교육제도가 신뢰를 얻고 사회에 필수적인 기능을 하는 데 필요한 거버넌스를 유지하는 것이다. 이를 통해 나머지 두 가지 요소를 가능하게 하는 환경이 만들어진다.

② 새로운 수익원을 창출한다. 최고경영자 과정, 학위 취득 대체 과정, 평생학습 과정 등이다. 이러한 노력이 없다면 학부 등록금은 계속 상승하게 되어, 최고 부유층 학생들만 다닐 수 있는 수준이 될 것이다. 버틀러대학교는 하버드대학교, 예일대학교, 스탠퍼드대학교처럼 기부금을 확보할 여건이 되지 않았기 때문에, 경제적으로 넉넉하지 않은 다수의 학생들에게 학위 과정을 제공할 수 없었다. 새로운 학위 취득 방법을 제공하고, 교육접근성, 취업가능성, 경제성 등을 모두 달성할 수 있는 방법을 마련해야 한다.

③ 교육의 양과 질을 증진한다. 24시간 학생 경험에 집중함으로써, 교육과정, 방법, 프로그램에 기업의 요구를 반영하고, 중요한 실습 기회 횟수와 범위를 확대하는 것이다. 버틀러대학교의 교육철학에 따라, 전통적인 사립 고등교육에서 배제된 학생들에게 접근 가능한 솔루션을 더욱 손쉽게 제공하기 위한 것이다. 미국 남북전쟁 이전과 마찬가지로, 버틀러대학교는 모두를 위한 교육에 계속 중점을 두고 있다.

4단계: 로컬주의 - 지역사회 연결

사회제도가 대부분 실패하고 더 이상 신뢰를 얻지 못하는 가장 큰 이유는, 사회제도가 지원해야 할 지역사회에서 괴리되었기 때문이다. 사회제도가 주민들의 일상에서 가치를 창출하거나, 긍정적 결과를 가져오는 모습을 더 이상 볼 수 없다. 현 상황에서 이는 큰 기회를 놓치고 있는 것이다. 로컬주의와 연관된 ADAPT 문제를 해결하기 위해 수많은 이니셔티브가 시행되고 있다. 하지만 기존의 사회제도를 통해 이러한 이니셔티브를 어떻게 직접 지원하고 강화하느냐에 따라 제도의 실행 가능성뿐만 아니라 장기적 성공이 달라진다. 제도의 역할은 다양한 사회 활동을 포함하기 때문에 사회제도는 지역사회와 혁신의 주체들이 불평등, 두려움, 문제 해결을 위한 계획을 세우는 데 상당한 영향을 끼친다고 해도 과언이 아니다.

스탠퍼드대학교 교무처장이자 공과대학 학장이던 프레드릭 터먼 (Frederick Terman)은 제도의 중요성과 로컬주의의 관계를 이미 오래전부터 인식하고 있었다. 그는 내가 영웅으로 여기는 사람 중 하나다.[7] 나는 그가 1982년 사망하기 직전까지 한 번밖에 만나보지 못했다. 한 번의 대화로 끝내기에는 매우 중대한 주제였다. 나는 대학들이 어떻게 하면 스탠퍼드대처럼 성공할 수 있는지 방법을 찾는 데 도움을 받고자 했다. 그는 나에게 교육혁신에 대한 논문을 보냈다. 핵심은 '사회와 대학 간에 끊을 수 없는 연결고리가 있어야 한다'는 매우 인상적인 내용이었다.

터먼은 문제를 분석해 단순한 요소로 분해하고 명쾌한 해결책을 찾아내는, 놀라울 정도로 중요한 능력을 갖춘 뛰어난 사람이었다. 제2차 세계대전 직후 스탠퍼드대의 학장이 되었을 때, 그는 국방부와 기타 정부 기관의 지원을 확보하는 과정에서 냉엄한 현실을 깨달았다. 이러한 부처들은 미국 내 수많은 공학 연구를 이미 지원하고 있었으나, MIT·카네기멜론대학교·존스홉킨스대학교·프린스턴대학교 등 동부 학교에 집중되어 있었다. 워싱턴 D.C.에서 멀리 떨어진 팰로앨토에 있는 스탠퍼드 같은 대학들은 매우 불리했다.

이를 극복하기 위해 터먼은 스탠퍼드대의 유휴 부지 일부를 세계 최초로 대학 소유 산업단지로 조성했다. 그의 대학원 제자 윌리엄 휴렛 (William Hewlett)과 데이비드 패커드(David Packard)를 설득해 그곳에 새로운 회사를 설립하도록 했다. 시간이 흘러 스탠퍼드 산업단지가 확장되면서, 터먼은 산업단지에 입주한 스타트업과 스탠퍼드대를 재정적으로 연계시키는 데 주도적 역할을 했다. 얼마 지나지 않아 산업단지로 들어오는 스탠퍼드 졸업생들이 계속 늘어났다. 그의 이니셔티브는 '실리콘밸리'라는 이름으로 알려졌는데, 교육기관과 지역사회가 협력해 윈윈한 완벽한 사례로서 필요에 의한 결과물이었다. 오늘날 다양한 기관이, 각각의 역할에 맞는 방식으로 기여해야 할 필요성은 그 어느 때보다 크다고 할 수 있다.

◎ ◎ ◎

지역사회와의 연계는 경찰, 금융기관, 세무서, 의료기관 등 사회에 직접 서비스를 제공하는 기관에서 무엇보다 중요한 우선순위가 되어야 한다. 이러한 기관이 지역사회에 적극적으로 참여하지 않는다면, 심각한 문제가 생길 수 있다. 많은 지역사회에서 이러한 기관들은 지역 주민에게 필수적 기능을 하며, 지역사회의 연결망이 발달하는 데도 중요하다. 많은 기관이 지역사회의 문제를 인식하지 못하고 구체적 해결책을 제시하지 못하는 상황이 지속된다면 심각한 문제를 야기할 것이다.

모든 리더는 이번 장의 사례를 통해 많은 것을 배울 수 있을 것이다. 그들은 두려움이 있더라도, 그리고 100퍼센트 확신할 수는 없는 상황에서도 모두 새롭고 과감한, 위험하지만 흥미로운 방법들을 시도했다. 각 상황에 맞는 방식으로, 자신의 조직을 보호하고 활성화하는 데 필요한 네 가지 방법을 실행했다. 첫째, 조직의 핵심 원칙을 규명하고 새롭게 재구성했다. 둘째, 분열된 세계에서 시민들이 생존하고 더 나은 삶을 누릴 수 있도록 조직구조를 재편했다. 셋째, 새로운 아이디어와 실행을 가속화하면서도, 변화를 두려워하는 사람들을 배제하지 않았다. 넷째, 지역사회 및 주민들과 긴밀한 연결성을 유지했다. 사회제도는 세계 통합에 필수적이다. 다양한 방식으로, 대륙을 넘어 마을 단위에 이르기까지 곳곳에서 우리를 하나로 연결한다. 실패한 사회제도로는 이 책에서 제시한 위기를 해결할 수 없다.

제 10 장

문화: 기술혁신에 대한 새로운 시각

사회적 공익으로서의 혁신

최근 미국 전역의 거주자를 대상으로, 미래에 핵심적 역할을 할 것으로 예상되는 신기술에 대해 여론조사를 진행했다. 디지털기기 관점에서 보면 결과는 그다지 희망적이지 않았다. 퓨 리서치(Pew Research)의 여론조사에 따르면, 미국인의 73%는 로봇과 컴퓨터가 인간의 업무를 대체할 수 있을지에 대해 다소 또는 매우 우려하고 있으며, 응답자의 76%는 업무 자동화가 경제적 불평등을 심화할 것으로 생각한다고 대답했다. 응답자 중 75%는 기계로 인해 일자리를 잃은 사람들을 위한 고소득 일자리가 창출될지에 대해 회의적이었다.

자율주행(AV) 기술은 상황이 조금 더 나았다. 미국인의 56%는 기술을 믿지 못하기 때문에 절대 자율주행차를 타지 않겠다고 응답했다. 자율주행차의 강점 중 하나는 언젠가 교통사고 사망자가 0이 될 것이라는 점이지만, 무려 30%는 자율주행차 때문에 오히려 사망자 수가 늘어날 것이라고 답했다.

막 상용화되기 시작한 신기술은 양날의 검과 같기에, 이러한 결과는 놀라운 것은 아니다. 하지만 이미 세상을 더 발전시키고 있는 기술도 있다. 장보기 등 기본적인 집안일뿐만 아니라, 집이나 차를 사고, 결혼식을 하는 것 등 인생의 중요한 일들도 더 간단해지고 편리해졌으며, 맞춤형 서비스를 통해 더욱 개인화되었다. 몇 시간, 며칠이나 걸려 검색할 수 있었던 정보도 이제는 클릭 한 번이면 된다. 비효율적이고 변화가 더디던 산업의 비즈니스 모델이 현대화되고, 기본 가정이 재검토되고 있다. 사회 구성원 간, 지역사회 간에 서로 연락을 유지하는 것이 그 어느 때보다 쉬워졌다.

하지만 기술은 우리에게 분명 도움이 되는 것임에도, 그 어두운 이면은 사회 곳곳에서 드러나고 있다. 일자리와 부에 미치는 영향, 사생활과 정치적 침해, 소셜미디어로 인한 외로움, 진실을 조작하는 가짜 뉴스 채널, 온라인 집단 따돌림 등 다양한 문제 때문에 위험이 예상된다. 우리는 새로운 기술(하드웨어, 소프트웨어, 플랫폼, 애플리케이션 등)을 너무나 쉽게 받아들이기 때문에, 기술은 개인 및 세계 사회의 시민인 우리에게 심각한 영향을 거의 영구적으로 끼칠 수 있다.

기술의 실행과 사용 방식에 대한 현명한 판단이 시급하다. 기술의 부정적 측면을 냉정하게 파악하고 그 장점을 극대화하는 방안을 신중하게 고민한다면, 부정적인 영향을 줄이고 긍정적인 결과를 도출할 수 있을 것이다. 사람들이 현명한 결정을 내리는 데 도움이 되는 규율, 관행, 정책을 수립해야 한다. 또한 기술 과잉에 대응하면서 온라인상의 보복, 평판 위험, 생계에 대한 위협 등에서 서로를 보호해야 할 것이다. 기술을 통제하기 위한 다음의 5단계는 즉시 실행할 수 있는 것들이며, 기본적이지만 필수적인 내용들이다. ① 디지털 세계에 대비하기 위한 업스킬링(upskilling), ② 데이터 남용 방지, ③ 개인정보 보호 및 침해 감시 기술 개발을 위한 시민사회의 역할 강화, ④ AI 통제, ⑤ 개인행동 개선 및 기술에 관한 욕구 조절이다.

모르면 통제할 수 없다

기술로 인해 많은 사람들이 낙오되고 있다. 어떤 이들은 플랫폼과 애플리케이션을 능숙하게 다루면서, 대량의 클라우드 스토리지 및 연결된 다양한 하드웨어에 접속해 정보를 수집하고, 유용한 지식으로 빠르게 변환한다. 이들은 신기술을 반대하는 사람(luddites) 또는 디지털혁명에 참여할 수단이나 기회가 없는 사람들에 비해 유리한 위치에 있다.

기술 격차를 없애는 것은 많은 비용이 소요되며 거의 불가능하다. 그나마 줄일 수 있는 유일한 방법은 대대적인 글로벌 업스킬링 캠페인이다. 이는 세 가지 시급한 문제 해결을 목표로 한다. 첫째, 모든 사람이 최대한 미래에 대비할 수 있도록 함으로써 고도화된 디지털 기술을 필요로 하는 일자리가 늘어나는 상황에서 고용 혼란(특히 고령 인구)을 최소화하는 것이다. 둘째, 기술의 인간화 방법을 모색하는 데 모든 사람이 현명하고 신중하게 참여하게 하는 것이다. 셋째, 부유층과 빈곤층 사이의 지식적·사회적·경제적 격차가 기술로 인해 더욱 확대되면서, 그러한 격차를 줄이는 작업에 착수하는 것이다.

이처럼 필수적인 대규모의 업스킬링은 광범위하고 신속한 캠페인을 통해서만 가능하다. 그 내용은 다음과 같이 나눠볼 수 있다.

노동 인구 역량 강화: 모든 개인은 현재와 미래의 직업에 필요한 최소한의 디지털 기술을 습득해야 한다.

디지털 이해 증대: 공공 및 민간 부문의 리더들은 기술의 잠재적 문제점을 충분히 이해하고, 세계시민들이 기술에 대해 느끼는 두려움을 배려해야 한다. 그렇지 않으면 공공의 이익을 위해 기술을 도입하거나 우수한 기술 기반 기업을 운영하는 데 성공을 거두기 어렵다. 또한 세계시민들 역시 충분한 기술지식을 갖춤으로써, 기술 관리에 참여하고 리더들에게 책임을 물을 수 있는 수준이 되어야 한다.

빈곤층을 위한 지원: 본인의 선택에 의한 것이든 거주지역의 디지털 환경이 열악하기 때문이든, 기술의 혜택에서 소외된 사람들을 찾아 교육해야 한다.

이를 중점적으로 추진하려면 업스킬링이 필요한 이유를 제시하고 세계적인 합의를 이룰 필요가 있다. 세계시민의 디지털 역량 확보라는 이름으로, 지식재산과 우수 사례를 지속적으로 공유해야 할 것이다. 또한 많은 이들을 교육 및 재교육하는 데 필요한 예산, 파트너십, 역량을 확보하고, 우선순위를 명확히 정의하며, 해결 전략을 수립하는 등 지역 단위에서 업스킬링 캠페인을 위한 거버넌스를 구축해야 한다. 무엇보다 가장 중요한 것은 민간 부문의 대규모 협력과 참여일 것이다. 정부와 시민사회도 중요하지만, 민간 부문의 참여 없이는 디지털 변화의 시대에 일자리를 유지하기 위한 기술을 중점적으로 다루기 어려울 것이며, 예산 확보도 어려울 것이다.

데이터 딜레마

정보, 특히 개인정보는 공공재이자 사유재이다. 개인의 습관과 성향,

병력, 쇼핑 기록, 접속 정보, 조회 내역 등 빅데이터는 익명 처리, 통계 구성 요소, 미가공 데이터 등 다양한 형태로 존재하며 상당한 가치가 있다. 데이터는 기업이 기술을 통해 긍정적인 성과를 내고, 효율적인 맞춤형 서비스를 제공하며, 획기적인 혁신을 실행하는 것을 가능하게 한다(의료기기 및 제약 분야의 혁신, 근무시간 축소로 여유시간 증가 등). 그러나 마찬가지로 중요한 것은 개인의 민감한 정보가 기업이나 정부에 의해 유출 또는 남용되지 않도록 보호하는 것이다.

개인정보보호에 매우 엄격한 국가들도 있다. 제2차 세계대전 이후, 유럽은 개인 및 개인 활동에 대한 데이터를 강력히 보호하는 법안을 제정하는 등 개인정보 보호에 앞장서 왔다. 최근 EU의 규제는 기업이 개인정보를 수집하기 전에 고객으로부터 허가를 받도록 하고 있다. 미국은 유럽보다 뒤처져 있다. 페이스북이 비밀리에 개인정보를 대규모로 수집해 수익원으로 삼은 사례가 대표적이다. 아시아는 상황이 더욱 심각하다. 개인정보보호법이 필요한 것도 사실이지만, 수억 명의 고객들이 생성하는 수조 개의 개인정보를 보호하는 솔루션을 찾고 구현하는 데 민간 부문, 특히 IT 기업의 리더들이 앞장서야 한다. IT 기업의 임원들은 데이터 보호 필요성에 공감한다고 말은 하지만, 실제로 이를 행동으로 옮기는 경우는 거의 없어 보인다.

사티아 나델라(Satya Nadella) 마이크로소프트 CEO는 적어도 회사의 운영 방향을 올바르게 설정했다는 점에서 인정받을 만하다. 빌 게이츠(Bill Gates), 스티브 발머(Steve Ballmer)에 이어 마이크로소프트의 세 번째 CEO인 나델라는 인도 하이데라바드에서 태어나 위스콘신주립대학교 밀키웨이 캠퍼스에서 전기공학 석사학위를 받았다. 그는 마이크로소프트의 새로운 임무를 제시했다. 창립자 빌 게이츠는 "모든 집, 모든 책상 위에 마이크로소프트의 소프트웨어를 실행하는 PC가 있는 세상"을 원했다. 나델라는 "지구상의 모든 사람과 모든 조직이 더욱더 많은 것을 성취할 수 있도록 역량을 부여하는 것"을 꿈꾸고 있다.

그는 사생활 보호가 '인간의 권리'라는 신념으로 마이크로소프트는 고객의 개인정보를 수익화하거나 이윤 창출을 위해 사용하지 않을 것임을 명확히 하고 있다. 그의 클라우드 컴퓨팅 전략에는 이러한 철학이 드러난다. 바로 공공 데이터와 개인 데이터를 분리하는 것이다. 마이크로소프트의 클라우드 서버에는 민감하지 않은(nonsensitive) 정보만 저장·관리되므로 정보 주체의 신분이나 출처를 알 수 없다. 반면 각 고객의 로컬 서버는 고객만 접근할 수 있으며, 여기에서 개인정보를 보관·보호한다. 고객이 마이크로소프트의 클라우드 기반 분석 도구를 사용하고자 할 경우 개인 서버에서 데이터를 추출해 출처를 삭제한 후 클라우드에서 분석을 수행한 다음, 그 결과를 개인 서버로 다시 전송한다. 이 모든 것은 거의 즉각적으로 이루어진다. 그렇지 않다면 시간 내 처리 비용 때문에, 개인 서버-공공 클라우드 기술의 속도가 매우 느려질 것이다.

데이터 보호를 위한 다른 대안들도 검토되고 있다. 최근 가장 눈에 띄는 것이 블록체인으로, 모든 데이터를 익명화된 블록으로 처리하는 기술이다. 거래는 모든 단계에서 검증·추적될 수 있지만, 암호는 해독될 수 없다. 커뮤니케이션을 만든 사람만 개인키(private key)를 갖고 있어서 정보 사용처와 보기 권한을 제어할 수 있다. 블록체인은 장점이 많은 매력적인 기술이지만, 해결해야 할 점도 많다. 예를 들어 거래취소 기능은 어떻게 구현할 것인가? 사용자가 거래를 중지하고 완전히 삭제하고 싶은 경우, 이것이 데이터 보호에 필수 기능인데도 현재 단계에서는 불가능하다. 또 다른 문제는 블록체인의 데이터 일부를 짧은 시간 동안 특정 용도로만 공개하는 방법을 찾아야 한다는 것이다.

현재의 대안들은 몇 년 후에는 원시적인 것처럼 보일 수 있다. 하지만 어떤 솔루션을 선택하든, 우리는 공공-개인 정보보호 문제를 정면으로 돌파하여, 오늘날 경제 및 정보 교류의 기반이 되는 중앙화된 대규모의 데이터 팜(data farm)과 완전히 분리되도록 해야 한다.

시민사회는 어디에

페이스북, 구글, 아마존, 바이두 등 플랫폼에 대한 통제를 강화하고, AI의 확산과 사회구조에 미치는 영향을 관리하기 위해서는 시민사회(기술 중심 조직, NGO, 비영리단체 등)가 중요한 역할을 해야 한다. 누가 새로운 기술을 통제할 것인지, 사회를 보호하기 위해 어떤 규칙과 사회규범이 필요한지 정의해야 한다. 그러한 역할을 위해 시민·사회단체는 데이터와 경제적 자원에 접근할 수 있어야 한다. 우리는 시민사회의 역할을 강화하고 연구개발을 목적으로 동일한 자원을 제공할 방안을 찾되, 사람을 중심으로 AI와 플랫폼을 구축하는 해결책 수립에 주력해야 한다.

그러한 해결책은 어떤 모습이 되어야 할까? 한 가지 방안은 공익 창출에 관심이 있는 단체들에 동일한 수준의 데이터 접근을 허용하는 것이다. 합법적인 NPO(Non Profit Organization) 기준을 충족한 단체에 한해, 데이터 풀(또는 클라우드 용어로 '데이터 호수')과 자원에 접근할 수 있게 한다. 다만, 시민사회의 자원 또는 정보에 접근을 원하는 사람에 대해서는 몇 가지 원칙을 적용해야 한다. 모든 결과는 퍼블릭 도메인으로 제공하되, 개인정보는 첨단 사이버보안과 데이터 마스킹(data masking) 프로토콜로 보호해야 한다. 곧 설명할 거버넌스도 구축되어 있어야 한다. 참여를 원하는 단체는 학계 및 시민들의 동료평가(peer review)를 통해 접근 가능 데이터와 예산 지원 범위를 결정해야 한다. 당연히 이러한 사업을 위한 재정 지원은 솔루션에서 중요한 부분이 될 것이다. 플랫폼에서 이러한 재원 마련을 의무화하는 것도 한 가지 방법이다.

보이지 않는 것을 관리할 수 있을까?

제3장에서 설명한 바와 같이, 우리는 AI가 점점 더 많은 역할을 하는 시대에 접어들고 있다. 하지만 AI 프로그램이 어떻게 학습하고, 새로운 명령이나 프로그램 입력에 대한 어떻게 반응하는지는 완전히 이해하지 못했다. AI 프로그램이 특정 개인의 정보·언어·특성에 대한 편향을 형성하는 기제, 구체적 현실을 반영해 반응하는 과정 등은 파악하지 못하고 있다. AI 프로그램이 새로운 정보를 분석하는 방식은 우리에게는 여전히 매우 낯설고 모호하며, 때로는 심지어 무작위적이다. 그렇기 때문에 좋은 의도로 설계된 AI 기반 솔루션도 매우 위험한 결과를 초래할 수 있으며, 우리가 그것을 깨달을 때는 이미 너무 늦었을 수도 있다.

결과를 예측할 수 없음에도, AI는 엄청난 잠재력이 있다. 2030년까지 세계경제에 약 15조 7000억 달러의 가치를 창출하고, 중국과 북미에서 가장 큰 경제적 이익을 달성할 것으로 예상된다. 우리는 AI의 시대를 향해 무모하게 달려가고 있으나, PwC 연구에 따르면 조사에 참여한 경영진 중 AI 솔루션에 투자하기 전에 윤리적 의미를 먼저 고려하겠다고 응답한 사람은 25%에 불과했다.[4] 희망적인 수치는 아니다. 기업과 정부 기관의 리더는 AI에 따른 영향에 책임을 져야 하며, 다음과 같은 다섯 가지 원칙을 중심으로 윤리적인 AI 환경을 구축하기 위해 노력해야 한다.

① AI 전략, 계획, 생태계(프로젝트 내부·외부 관계자), 개발, 배포, 운영,

평가 등 모든 부분에 걸쳐 효과적인 거버넌스 체계를 구축한다. 이를 위해 고민해야 할 부분은 다음과 같다. AI 구현의 각 단계는 누가 책임을 질 것인가? AI는 비즈니스 전략과 어떻게 연계되는가? 결과를 개선하고 명확히 하려면 어떤 프로세스를 수정해야 하는가? 성능을 추적하고 문제를 식별하기 위해 어떤 제어장치가 필요한가? 결과는 일관적이고 재현 가능한가?

② 윤리적인 AI 도입을 위해 실용적이고 구체적 관련성이 있는 원칙을 만든다. 관련된 모든 사람을 교육하며, 원칙 적용에 대해 책임을 지게 한다. 새로운 원칙을 수립하는 등 조직문화의 변화가 필요한 경우, 최상위 리더의 역할이 매우 중요하다.

③ 투명한 AI 개발이라는 원칙을 고수한다. 신중한 검토 과정에서 합리적 문제가 제기되는 경우, AI의 데이터 출처와 의사결정 규칙을 검토·논의·조정할 수 있어야 한다.

④ 견고하고 안전한 AI 시스템을 설계한다. AI 프로그램이 충분히 자기성찰을 할 수 있도록 한다. 핵심 알고리즘을 수정해, 잘못된 결정을 신속하게 변경할 수 있게 한다. 또한 발상, 표현, 의견 또는 물리적 공간의 대상을 시각화하거나 이해하는 데 결함이 발생하더라도, 심각한 결과가 야기되지 않도록 설계해야 한다. 즉, 자율주행차가 정지신호를 잘못 읽고 혼잡한 교차로에서 전속력으로 직진할 가능성이 있다면 모든 운행을 금지해야 한다.

⑤ AI 시스템의 편향을 최대한 제거해야 한다. 최근 AI 프로그램이 형사법에서 인종 편향을 드러내고, 채용 시 성차별을 보여주었던 사례는 매우 당황스러운 경우였다. 물론 어느 결정이든 누군가는 만족하고 누군가는 실망하게 마련이다. 기업, 관리자, 개인은 항상 자신의 선택이

누구에게 어떤 피해를 야기하는지 비교하여 판단해야 할 것이다. 이러한 판단이 불공정하거나 비윤리적인 편향으로 인해 흐려져서는 안 된다. AI 시스템도 마찬가지이다. 프로그램 개발자와 관리자는 편향을 줄이고, 의사결정 시 최대한 공정하고 조직의 윤리규정과 차별금지 규정에 따라 운영될 수 있도록 설계하기 위해 각별히 주의를 기울여야 할 것이다.

안타깝게도 경영진이 그 필요성을 인식하지 않는 한, 이 같은 AI 개발 원칙 실행에 필요한 투자는 이루어지지 않을 것이다. 이러한 태도를 바꾸기 위해서는 AI 개발 프로젝트 수행 시, 다음과 같은 질문을 중점적으로 다루어야 한다. 만약 내가 담당하는 AI 프로그램에서 예상치 못한 문제가 생겨 나의 가족, 친구, 동료, 공동체 또는 조직이 의도치 않게 심각한 피해를 입는다면 어떻게 할 것인가?

성숙한 의식의 필요성

기술 공포증은 실제로 존재하며, 기술 도입에 관한 설문조사를 보면 새로운 하드웨어와 소프트웨어에 대한 무의식적인 두려움을 확인할 수 있다. 하지만 우리는 새로운 제품이 나오면 사고 싶은 유혹, 스크린을 스쳐 가는 모든 플랫폼을 열어보고 싶은 유혹을 이겨내지 못한다. 모두가 너무나 잘 알고 있듯이, 소셜미디어는 우리를 분열시키고 잘못된 인식을 갖게 하며 불안감을 증폭한다. 스마트폰과 태블릿은 우리를 문자, 이메일, 기타 알람에 즉각 반응하도록 강요하고 집중하지 못하게 한다. 행복을 저해하고 합리적 판단에 어긋나는 것임에도, 우리는 정말 중요한 것을 잊어버린다.[5] 인간은 신기술의 눈부신 매력을 거부할 수 없는 것이다.

이러한 기술은 최근 현상으로, 지금까지의 경험과 매우 다르다. TV나 라디오, 초기 인터넷 등 미디어가 사람에게 미치는 영향에 관한 연구를 아무리 찾아봐도, 신기술 사용과 적용을 위한 좋은 습관 형성, 현명한 정책과 법안 수립, 합리적인 실행과 안전조치 도입에 대해 도움을 받기 어렵다. 기계로 가득한 플랫폼 기반 세계가 개인, 지역사회, 조직, 정부에 어떤 영향을 주고 있는지에 대해서는 정보가 부족하기 때문에 신속하고 신중하게, 객관적으로 연구해야 한다.

샌프란시스코의 캘리포니아대학교 신경과학 교수 애덤 개절레이의 연구는 이 분야에서 가장 훌륭한 것으로 손꼽힌다. 캘리포니아주립대학교 심리학 교수 래리 로즌과의 공동 연구는 제3장에서 설명한 바 있다. 기술 집착적 행동을 바꾸기 위해 개절레이가 제안한 한 가지 방법은 기술 자체를 사용해 부정적인 영향을 완화하는 것이다. 그는 이를 증명하기 위해 3차원 인터랙티브 게임 〈뉴로레이서(NeuroRacer)〉를 개발했다. 왼쪽 엄지손가락으로 위험한 언덕길을 따라 자동차를 조종하면서, 오른쪽 엄지손가락으로 특정한 모양과 색깔의 표지판을 격추하는 게임이다. 이 게임을 잘하기 위해 필요한 필수 인지능력(동시에 두 가지 작업에 집중하고, 임시 기억력을 사용해 다양한 정보를 순간적으로 기억하는 능력 등)은 신경가소성(neuroplasticity)을 개선하고 산만함을 감소시키는 것으로 보인다.[6]

또한 개절레이와 그 연구 팀은 새로운 습관 형성과 자기훈련의 중요성을 강조했다. 인지능력에 대한 기술의 부정적 영향을 줄이는 것뿐만 아니라, 기술이 어디에나 존재하는 세상에서 우리의 능력을 향상하기 위해서이다. 좋은 사례 중 하나는 젊은이들이 저녁 식사나 모임 동안 테이블 가운데 휴대전화를 모아두는 것이다. 휴대폰 진동을 참지 못하고 먼저 휴대폰을 보는 사람이 밥값을 내야 한다. 또는 하루의 시간을 업무, 소셜 네트워크와 이메일 확인, 인터넷 검색 등으로 구분해 집중할 수 있는 시간을 확보하는 것이다. 기기에서 떨어져 몇 분이라도 바깥에서 휴식 시간을 보내는 것, 가능하면 10분 또는 몇 시간마다 아무런 방해를 받지 않고 생각에 빠지거나 낮잠 또는 명상을 즐기는 방법도 있다.

◎ ◎ ◎

우리는 기술이 사회와 나 자신에게 미치는 영향을 정확히 이해하고 있어야 한다. 책임감 있고 효과적으로 이해하기 위해서는 다소 역설적인 사고방식이 필요하다. 기술에 밝은 인본주의자(tech-savvy humanists)가 되는 것이다. 즉, 삶의 질을 높이려면 기술에서 무엇이 필요한지, 기술이 우리 주변 세상을 크고 작은 방식으로 얼마나 바꿀 수 있는지 전체적인 그림을 모두 이해할 수 있어야 한다. 하지만 인간과 사회제도의 관점으로만 본다면, 기술 중심적인 세계에서 연관성을 잃을 수 있다. 기술전문가는 실질적인 영향을 끼칠 수 있다. 바람직한 것은 기술에 밝은 인본주의자 양성을 학교에서부터 시작하는 것이다.

이번 장에서 제안한 방안을 실행하기 위해, 우리는 대규모의 작업을 전 세계 단위에서 빠르게 진행하는 동시에 개인의 행동도 변화시켜야 한다. 분열된 세상에서는 규모가 큰 방법일수록 구현하기 어렵다. 하지만 기술은 점점 우리의 존재를 지배하고 있으며, 앞으로도 그 추세는 가속화될 것이기 때문에 그대로 방관할 수는 없다.

제 11 장

방대한 규모와 속도: 더 기다릴 수는 없다

사회제도가 혼란에 빠지고 제대로 기능하지 못하는 상황에서, 특별한 역량을 갖춘 뛰어난 리더가 이끄는 조직만이 세계적·국가적·지역적 과제를 해결할 수 있다. 이러한 과제는 대규모로 신속하게(10년 후에는 너무 늦다) 해결해야만 한다. 너무 거대하고 해결이 시급한 문제이기 때문에 사회제도가 따라잡기를 기다릴 수도 없다. 특히 이러한 위기를 해결하려면 완전히 새롭고 창의적인 접근법이 필요함에도, 누구나 알고 있듯이 사회제도는 그럴 만한 역량이 없다.

이 책에서 다룬 위기는 모두 심각한 문제이지만, 다른 것보다 훨씬 심각하고 긴급한 문제들이 등장하고 있다. 나는 이를 '방대한 규모와 속도'의 위기로 표현하고자 한다. 거대하고 매우 복잡해 보이며, 해결하려면 대대적이고 빠른 변화가 필요하다. 시간도 중요하지만, 이러한 과제를 해결하기 위해서는 세계적 또는 지역 간 협업, 공공-민간 부문의 협력이 필요하다.

두 가지 글로벌 위기

이론의 여지없이 거대한 글로벌 위기가 빠른 속도로 진행 중이다. 창의적인 해결책이 필요할 뿐 아니라 세계 각국이 함께 집중해서 해결해야만 하는 것이 실직과 기후변화의 문제다. 먼저 실직의 위기에 대해 살펴보자.

향후 10년간 자동화 기술로 인해 전 세계 일자리의 10%가 사라질 것으로 예상된다. 이는 보수적인 추정치이지만, 약 3억 명의 인력을 고용할 수 있는 일자리를 찾아야 함을 뜻한다. 이뿐만 아니라 저개발 국가에서 교육과 일자리가 필요한 20세 미만 청년은 10년 내 10억 명 이상으로 늘어날 것이다. 이에 즉시 대응하지 않는다면, 끔찍한 결과가 예상된다. 일자리 감소는 미래세대의 빈부격차 심화에 어떻게 작용할 것인가? 확실한 미래가 없는 수천만 명의 젊은이들이 사회의 다른 구성원보다 뒤처지면, 어떤 현상이 나타날 것인가? 그들은 집단으로 이주하고, 반란을 일으키고, 전쟁을 시작할 것이다. 국가에 긍정적 기여를 하거나, 어느 국가에나 필요한 혁신과 삶의 질 개선을 주도할 가능성은 매우 낮다. 이렇게 계급 갈등이 진행되는 동안 스마트 기술이 급속도로 확산되면서, 사람들이 기술의 장단점을 정확히 인식하지 못하는 사이에 그 영향이 삶에 깊숙이 스며드는 상황이 일반화될 수 있다.

다음은 기후변화의 위기다. 지구온난화의 영향 추정 데이터를 살펴보면 탄소발자국 문제를 극적으로 바꿀 수 있는 시간이 10여 년밖에 남지 않았다. 그 이후에는 상황을 더 이상 돌이킬 수 없다.[1] 홍수, 가뭄, 폭염, 강력한 태풍이 뉴노멀(New normal)이 되었다. 전 세계 물 공급량의 급격한 변화는 지구 건강, 식량 공급의 가용성, 취약한 생태계를 심각하게 훼손할 수 있다. 정치적 의지 부족, 과학적 근거에 대한 공격, 감정적 또는 이성적 갈등으로 인한 국가분열 등을 감안하면, 기후변화 저지를 위한 세계적인 노력을 이끌어내는 것은 매우 어려워 보인다.

글로벌 위기 해결이 시급하다는 점에는 누구나 동의할 것이다. 일자리 부족은 집단 이주의 원인이 되며, 전 세계적으로 실직자 수가 급증하면서 상상할 수 없는 결과가 발생한다. 위험한 정치적 격변이 가속화되고 국내와 국가 간 분열이 심화된다. 간단히 말해 기후변화의 위기는 인류와 자연에 대한 실존적 위협이다. 두 위기 모두 방대한 규모와 속도의 해결책을 필요로 한다.

하지만 그러한 해결책을 넘어선, 매우 본질적이고 강력한 힘이 존재한다. 좁혀지지 않는 정치사회적 의견 차, 세계적 분열, 포퓰리즘의 확산, 경제적 부작용과 이에 대한 환멸, 기술에 대한 두려움과 불확실성, 제도적 문제, 임박한 인구 전쟁, 기후변화로 인한 자연파괴와 세계적 실업 등의 공통의 문제는 더욱 강력한 힘으로 인류를 하나가 되게 한다. 모두가 맞서 싸워야 하는 공공의 적이 있는 셈이다. 우리에게 필요한 것은 바로 이러한 공공의 적이다. 거대한 문제를 해결하기 위해 서로 협력하는 가운데 인류는 더욱 가까워진다. 하지만 그대로 방치한다면, 위기는 우리를 더욱 분열시키고 무력하게 만들 것이다.

실제로 방대한 규모와 속도의 프로그램들은 그 특성상 (특히 규모와 범위 면에서) ADAPT에서 지적한 보편적 문제를 모두 다루고 있다. 또한 유익한 경험과 역량을 제공하기 때문에, 인류의 위기에 대한 해결책을 찾기 위한 노력을 가속화한다. 성공 사례는 우리에게 포기하지 않고 계속 노력하게 하는 원동력이 된다. 구체적으로 이러한 캠페인은 앞서 논의한 전략, 구조, 문화적 요소(변화의 3대 구성 요소)를 수립·강화하는 데 도움을 준다. 변화의 구성 요소가 지닌 잠재적 효과를 강화하고 가속화하는 것은 인류의 위기를 극복하는 데 매우 중요하다.

지금은 방대한 규모와 속도의 해결책을 이행하기에 매우 좋은 기회라고 할 수 있다. 세계적으로 대대적이고 빠른 효과를 얻으려면 분명 많은 예산이 필요하다. 선진국은 현재 이런 긴급한 개선 사업에 필요한 재원을 많이 확보해 놓고 있다. 많은 자본이 쌓여 있다는 증거 중 하나는 유럽의 금리가 제로 또는 마이너스이며, 미국에서는 최저 수준이라는 사실이다. 이를 위기 해결 사업에 투자하면, 개인의 삶의 질을 높이고 인구와 기타 사회갈등을 해소하는 것뿐만 아니라, 전 세계에 실질적인 고용기회를 즉시 제공할 수 있을 것이다. 그러나 이러한 재원을 활용하려면, 대형 글로벌 은행들이 스스로의 역할을 재정립하여, 대규모 글로벌 위기에 대한 혁신적 솔루션을 수립하는 데 출발점 역할을 해야 한다. 또한 적시에 충분한 수익을 창출하여 다른 투자자들도 동참하게 하는 동력이 되어야 한다.

국가와 지역 문제

실업 및 기후변화와 같은 세계적인 문제 외에, 국가나 지역 차원의 긴급한 문제에도 마찬가지로 방대한 규모와 속도에 관심을 기울여야 한다. 세계 각국이 대규모로 신속하게 노력을 기울이면, 이를 통한 전략적·전술적 성과가 국가나 지역 차원의 문제 해소에도 도움을 줄 수 있다. 또한 그 과정에서 협력관계가 구축되어 자원을 공유하며, 서로 유익한 결과를 얻을 수 있다. 먼저 각국이 직면한 복합적인 문제들을 살펴보자.

① 미국: 곧 닥쳐올 은퇴 위기 대비
② 유럽: 심각한 세수 확보 문제 해결

③ 러시아: 모스크바와 상트페테르부르크 외곽 주민들에게 기회 제공

④ 아프리카: 청년들의 교육과 일자리 수요 해결

⑤ 영국과 EU: 브렉시트 이후의 긍정적인 방향 수립

⑥ 호주: 세대 간 불균형 해결

⑦ 중국: 환경 위기 대응

오늘날과 같은 상황에서는, 방대한 규모와 속도의 해결책에 모두 동참하게 만들기는 어려울 것이라고 생각하기 쉽다. 하지만 나는 인류가 그러한 실행 능력을 '잃어버린' 것이 아니라 '잠시 쉬고 있었을 뿐'이라는 긍정적인 입장이다. 인류는 대대적으로 신속하게 힘을 합쳐 위대한 일들을 이뤄냄으로써 세계의 향방까지 바꿨다. 바로 제2차 세계대전 당시의 마셜플랜(Marshall Plan)이다. 마셜플랜은 오늘날 상황에 시사하는 바가 크다. 전쟁 직후에도 지금처럼 세계는 분열되어 있었기 때문이다. 특히 마셜플랜의 가장 훌륭한 성과는 포괄적이고 강력한 사회적·정치적·경제적 동맹을 수립하고, 이를 비공산주의 진영에서 70년 이상 유지해 왔다는 것이다.

따라서 대규모 위기를 신속하게 해결하기 위한 사업을 실행하면서, 우리는 마셜플랜의 성공 요인을 기억할 필요가 있다. 컬럼비아대학교의 경제학자 글렌 허버드(Glen Hubbard)는 네 가지 성공 요인이 있다고 보았다.[2] 첫째, 예산 운용에 관한, 명확한 글로벌 및 지역 거버넌스가 존재했다. 재원 공급처(미국)가 단일했기 때문이다. 둘째, 민간 부문의 참여가 두드러졌다. 실제로 민간 부문의 성장이 이 계획의 목표였다. 셋째, 지원 수혜국은 필요한 개혁을 이행했다. 넷째, 지역 조정 기구를 통해 경쟁 기반의 자금 지원을 실행했다. 자금 지원을 원하는 국가들은 사

용 계획을 수립해야 했다.

GAME의 원칙

천편일률적인 방법으로 위기를 신속하게 대대적으로 해결할 수는 없다. 그러나 마셜플랜만의 독특한 성공 전략은 오늘날 우리가 직면한 위기 해결에 근간이 될 수 있다. 현재 마셜플랜의 원리를 그대로 따르면서 (의도한 것이든 아니든), ADAPT의 핵심 문제를 해결하기 위한 노력이 진행 중이다. GAME이라는 방대한 규모와 속도의 해결책이다.[3] 일단 대상 범위가 상당히 넓다(미리 경고했으니 마음의 준비를 하기 바란다). 글로벌기업가연합(Global Alliance for Mass Entrepreneurship: GAME)은 2030년까지 인도에서 성공적인 지역 사업가 1000만 명을 남녀 동등한 비율로 양성한다는 대담한 계획을 세웠다. 이렇게 육성된 사업가들은 중소기업을 창업·운영하게 될 것이고, 수천 개까지는 아니더라도 각 지역에서 수십 개의 일자리를 창출할 것이다. 현재 미국에는 직원 수 100명 이상의 기업이 560만 개라는 것과 대조된다.

새로운 조직의 목표치고는 원대하고 매우 빠른 실행이 요구되지만, 이제 막 출범한 GAME은 이를 추진하기에 적합한 인력을 이미 확보하고 있다. GAME 설립자 겸 회장 라비 벤카테산(Ravi Venkatesan)은 마이크로소프트와 커민스(Cummins)의 인도 사업부를 이끌고 있으며, 두 다국적기업이 인도에서 안정적인 사업 기반을 구축하는 데 기여했다. 그후 바로다은행 회장을 역임하며 보수적이고 관료적인 국영은행을 애자일(agile)한 민간 금융기업으로 변모시켰다. 바로다은행은 현재 전 세계 주요 금융도시에 사업부를 둔, 인도 2대 은행으로 성장했다. 벤카테산이 지역 단위의 대형 글로벌 조직을 초반부터 구축·운영하는 방식을 잘 이해하고 있었다는 것을 보여주는 사례들이다.

벤카테산에게 GAME은 인도와 아프리카가 직면한 심각한 취업 문제를 해결할 솔루션이다(인도에서 사업이 진행되면 아프리카로 확장할 예정이다). 현재 다양한 문제가 복합적으로 작용하면서 취업 문제는 더욱 악화될 수밖에 없는 상황인데, 이를 모두 상쇄할 수 있는 방법이기 때문이다. 첫째, 인도의 비농업 일자리 중 중소기업 비율은 21%에 불과한 반면, 중국은 83%, 방글라데시는 75%, 미국은 53%이다. 다시 말해 인도(아프리카도 마찬가지)는 대규모 일자리를 창출하는 산업 기반이 현저히 부족하다. 둘째, 이 지역의 대기업들은 경쟁력을 위한 생산성 향상에만 관심이 있기 때문에, 인력을 줄이는 데 집중하고 있다. 앞으로 자동화와 기타 IT 프로젝트는 이와 같은 편중 현상을 더욱 심화할 것이다. 또한 아웃소싱 기업과 글로벌 기업의 콜센터 등 인도와 아프리카 도심에 위치한 IT 기업들은 작은 마을 단위의 고용 문제를 해결하지 못한다. 셋째, 반대로 외곽 지역의 1인 기업은 고용을 충분히 창출할 수 있는 기회가 부족하다.

벤카테산에게 GAME이 시범 사업을 진행 중인 지역에 대해 물어보면, 그동안 톱다운(top-down) 방식의 대규모 일자리 사업들이 어떻게 실패했는지 상세히 들을 수 있을 것이다. 실패의 주된 이유는 민간 부문의 의지가 부족했으며, 관료주의로 인해 속도를 낼 수 없었고, 밀접하게 연결된 지역 단위에서 현장중심형으로 운영하기에는 형식적인 절차가 너무 많았던 것이다. 벤카테산은 이런 지역에는 기본적인 필수 서비스가 제대로 제공되지 않고 있는데, 중소기업들이 그 수요를 충족시키는 역할을 할 수 있다고 보았다. 미용실, 전문 매장, 호텔, 음식점 등이 바로 그러한 예이다. 영세 사업장이 중견기업으로 성장하면, 채용이 늘어나고 잠재고객층이 넓어진다. 이런 선순환은 지역경제를 성장시키고 취업 전망을 밝게 해줄 것이다.

GAME의 일자리 창출 전략은 대륙은 말할 것도 없고, 하나의 사회 또는 지역에서도 실행하기 어려워 보인다. 하지만 벤카테산은 계획 추진을 위한 세 가지 인버스(inverse) 원칙을 통해, 복잡한 구조를 단순화했다. 첫째, 로컬 중심의 글로벌 비전을 세웠다. 둘째, 대규모의 조직구조, 거버넌스 구조, TF, 책임 및 평가 제도를 갖추고 개별 사업가를 통해 중소기업 창업을 독려·실행·지원할 수 있도록 했다. 셋째, 전략의 규모와 속도는 방대하면서도, 실행 계획은 매우 체계적이고 구체적이었다. 이 원칙들을 하나씩 살펴보자.

① 로컬 중심의 글로벌 비전을 수립한다. 기업가정신이 꽃을 피우는 데 필요한 역량, 기술, 도구에 관한 통찰력과 지식을 세계 곳곳에서 취합해 지역사회와 공유한다. 각국의 지식을 축적하여, 이를 가장 잘 활용할 수 있는 지역의 주민들과 공유하는 효율적인 시스템이다. GAME 사업지에서 예산 및 시장 지원, 역량 개발, 기술 확보에 필요한 다층적 밸류체인을 구성하고, 이를 강화하기 위한 정보 및 자원 풀을 구축한다. 시작점, 필요한 지원과 역량 등은 지역마다, 사람마다 매우 다를 것이다.

가장 큰 장애 요소는 지역사회의 인식을 바꾸는 것이다. 민간 부문과 대형 조직에서의 일자리만 찾던 시대에서 벗어나, 새로운 창업도 마찬가지로 훌륭한 직업이라는 인식이 필요하다. 인식 전환을 위해 GAME은 인도와 아프리카의 교육제도에서 사업가 정신과 필요 역량을 세계적으로 육성할 계획이다. 구직자를 사업가로 양성하고, 1인 사업가와 영세기업들에 규모 확장을 통한 수익 증대 방법을 교육하며, 더 많은 여성이 창업을 통해 성공할 수 있도록 지원하는 것이다.

② 충분한 자금을 확보한 대규모 조직을 중심으로, 각 개인의 기업가정신을 함양한다. 벤카테산이 기업가 육성 사례를 분석해 발견한 것이 있다. 이들은 충분한 자본이나 장기적 운영을 위한 체계적인 조직구조 없이, 전술적 프로젝트 성격을 띠는 경우가 많았다. 반대로 GAME의 구조는 규모·자원·역량 수준이 상당하다. 정부, 민간, NGO, 실행 기구, NPO, 기부자 등이 파트너로 참여한다. 철저한 평가를 거쳐, GAME의 전략 실행에 필요한 역량을 갖추어 참여한다. 이와 같은 파트너 기관이 주도하는 TF는 GAME 계획의 각 구성 요소에 초점을 맞춘다. 학교에서 기업가정신을 함양하는 것에서부터 각 지역의 사업 모델을 구축하는 데 이르기까지 다양하다. 또한 별도의 팀이 TF를 지원하면서, 프로그램이 효과적으로 지속될 수 있도록 생태계 구축을 돕는다. 이러한 구조의 목표는 지역 시장과 사업 환경에서 점진적으로 기업활동을 독려·양성·실행·지원하는 것이다.

③ 방대한 규모와 속도로 실행하되, 체계적인 계획에 따라 움직인다. GAME에 관해 벤카테산과 처음 대화를 나눴을 때, 나는 목표가 매우 방대한데도(2030년까지 인도에서 1000만 기업가 양성) 조직 계획이 상당히 세부적인 데 놀랐다. 조직도를 보면 GAME은 윤활이 잘된 기계처럼 기능이 원활하게 맞물려 돌아가고, 견제와 균형 장치가 곳곳에 자리 잡고 있다. GAME은 다섯 가지 성과를 목표로 하고 있다. 기업가적 사고방식의 조기 육성, 구직자를 기업가로 변모시키는 것, 여성 기업가 양성 등 네 가지 집중적 혁신을 통해 포괄적인 기반 마련(자본과 소비자 시장 확대를 위한 기술과 프레임워크 개발 포함), 그리고 실행을

위한 8개 TF를 구성해 더 많은 혁신작업에 착수하고, 지역 파트너를 확보하여 예산을 지원하며, 지역 차원에서 사업을 추진하는 것이다. GAME의 실제 조직구조는 이보다 훨씬 복잡하지만 간략하게 요약해 보았다. 톱다운(top-down) 및 보텀업(bottom-up) 방식을 결합한 경제성장 플랫폼이 될 것이다.

방대한 규모의 복잡한 프로젝트는 정교한 계획을 수립하기 어렵다. 하지만 GAME에서는 가능하다. 변화에 따른 유연한 대응과 학습은 필수적이기 때문에, 유용한 사실을 새로 습득하면 기존의 지식 일부는 당연히 버려야 함을 벤카테산은 정확히 알고 있다. 그의 방식은 마치 장군이 군대를 철저히 준비시켜, 한 번의 전투가 아니라 전쟁 전체의 불확실한 상황에 대비하도록 하는 것과 흡사하다.

앞서 살펴보았듯이, GAME의 운영 모델은 마셜플랜의 핵심적인 성공 요인을 잘 반영하고 있다. 따라서 방대한 규모와 속도의 프로젝트 시행을 위한 청사진이 될 수 있다. 정리하자면 다음과 같다.

① GAME은 자금 등 필수 자원을 관리하는 체계적인 글로벌 및 지역 거 버넌스 구조를 갖추고 있다.
② GAME은 민간 부문의 적극적인 참여로 이루어지며, 실제로 민간 부문 의 성장을 목표로 한다.
③ GAME은 지원을 받는 각 지역에서 관련 생태계의 변화를 필요로 한다.
④ GAME의 지역 전략 및 현장 중심 모델은 경쟁 요소를 내포하고 있다. 지역 주체들은 기업가정신을 성공의 핵심 요소로 삼아야 한다.

마셜플랜과 마찬가지로, GAME은 글로벌 위기 해결에 대해 이 책과 완전히 일치하는 세계관을 가지고 있다. 바로 로컬주의다. 그 성공 여부는 상호의존성과 포괄성에 달려 있다. 교육과 금융 시스템, 지역개발기구 등의 사회제도 재건에 중점을 두고, 인간에게 도움이 되는 방식으로 기술을 사용한다.

여기에 벤카테산은 두 가지 원칙을 더 추가했다. 자세히 분석해 보면 마셜플랜에서도 확인할 수 있는 부분이다. 먼저 충분한 학습 후에 규모를 확장하는 것, 그리고 프로젝트가 진화, 모멘텀 확보, 성숙 단계로 접어들기까지 기다릴 수 있을 만큼 충분한 자본을 확보하는 것이다.

물론 GAME과 마셜플랜 사이에는 차이점도 있지만, 둘 다 중요한 의미가 있다. 마셜플랜은 자금 지원과 실행 주체가 미국 정부 하나밖에 없었지만, GAME은 훨씬 다양한 지원 체제를 확보하고 있다. 자본과 인력을 제공하는 일반 개인, 전문성을 제공하는 기업, 규제와 관행을 바꾸는 지역 및 중앙 정부, 교육과정을 개정하는 학교 등 다양하다. 마셜플랜은 전쟁 전 수준으로 경제를 재정비하는 것이 주목적이었으나, GAME은 경제구조, 기업가 양성, 중소기업을 통한 인도와 아프리카의 경제부흥 등을 완전히 새로운 방식으로 고민한다. 마지막으로 GAME이 마셜플랜과 다른 점은 프로젝트와 자원을 직접 실행·배분하는 것이 아니라, 제휴 파트너를 통해 진행한다는 점이다.

결국은 지역 중심의 해법

일자리 부족은 세계적인(개발도상국에만 국한되지 않는) 딜레마이지만, GAME은 지역 중심의 해법을 추구한다. 그리고 여기에는 타당한 근거가 있다. 민족국가가 국민들의 정체성에 끼치는 영향이 축소되고, 국가들이 힘을 합쳐 문제를 해결할 수 있는 능력이 약화되고 있는 현실 때문이다.

UCLA 러스킨 공공행정대학원 학장을 지낸 일본의 조직관리 전문가 오마에 겐이치(大前研一)는 1983년 국가의 영향력이 감소하는 현상과 관련해, 국가가 역내 지배기구 때문에 개념적으로나마 점차 영향력을 잃을 것으로 예상했다.[4] 그는 두 가지 근거를 내세웠다. 첫째, 많은 국가가(유럽이 대표적이나 아프리카와 카리브해 국가도 해당) 국내 경제 통합의 중요한 수단인 자국 통화에 대한 통제를 포기했다. 둘째, 민족국가들은 국내에서도 이미 불균형이 심각하기 때문에, 어차피 자연적인 경제 단위로 보기 어렵다. 오마에는 이탈리아를 예로 들었는데, 북부와 남부 지역의 공통점이 거의 없을 정도였다. 오늘날에도 영국 북부와 런던, 중국 중부와 연안 지역, 인도 우타르프라데시주와 벵갈루루가 그러한 사례에 해당한다. 그는 지역이 더 의미 있는 정치적·경제적 주체가 될 뿐 아니라 국경을 넘어 조직화될 것으로 보았다. 실제로 오늘날 방대한 규모와 속도의 프로젝트들은 지역의 강화된 역할을 더욱 명확히 보여준다.

아프리카는 방대한 규모와 속도의 프로젝트가 특히 절실한 곳으로, 다양한 지역적 솔루션이 등장하고 있다. 국가적 이해관계보다 지역적 협력이 더 중요해지는 가장 좋은 사례는 스마트 아프리카(Smart Africa)라는 새로운 프로젝트다. 2000년 취임한 폴 카가메(Paul Kagame) 르완다 대통령은 추진력이 강력한 사람이어서, 만나는 사람마다 감탄하게 한다. 그는 1994년 반란에서 승리를 거두며 후투 극단주의자에 의한 투치족 대학살을 종결시켰다. 카가메 대통령이 독재 경향이 있다는 것은 부인할 수 없지만(합리적인 비평가들이 이 부분을 지적하기도 했다), 그는 오로지 르완다를 21세기 국가로 만들고 중소득 국가로 변신시키는 데 집중했다. 큰 틀에서 보면 카가메 대통령의 가장 큰 업적은 스마트 아프리카라고 할 수 있다. 26개의 서로 다른 아프리카 국가를 하나로 엮어, 아프리카 대륙 내에 동일한 기술 기반의 인프라를 구축하여 지역 경제발전의 수단으로 활용하는 것이다. 이를 통해 아프리카는 자신의 미래를 직접 주도할 수 있게 되었다.

스마트 아프리카의 가장 야심 찬 목표는 2030년까지 아프리카의 모든 개인, 기업, 정부를 디지털로 연결하는 것이다.[5] 아프리카의 새로운 디지털 역량과 급속한 경제성장을 발판으로, 지역 인프라 구축, 자본 확충, 금융 및 기업 규제, 사회개발 지원을 기대하고 있다. 이러한 국가 간 역내 협력 이니셔티브는 전례 없는 놀라운 성과를 충분히 만들어낼 것으로 보인다. 바로 다국적 국가 개발 펀드이다. 케네디 대통령이 달 탐사선을 쏘아 올렸듯이, 카가메 대통령을 비롯한 스마트 아프리카에 참여한 국가 정상들은 이것을 '아프리카의 문숏(moonshot)'이라고 불렀다.

방대한 규모와 속도의 작업에 대한 적절한 비유로 보인다. 케네디 대통령이 10년 내에 달에 사람을 보내는 목표에 도전하는 것을 보면서, 사람들의 가슴은 뛰었고 결과적으로는 상당히 의미 있는 성과를 거뒀다. 하나의 목표를 위해 사람들(가장 광의의 의미에서)이 함께 힘을 모을 때 국가, 지역, 세계가 어떤 성과를 이뤄낼 수 있는지를 보여준 완벽한 사례이다. 미국은 결과적으로 우주 경쟁에서 이겼을 뿐만 아니라, 그 과정에서도 공산주의 경쟁자들과 달리 민주주의 제도의 위상을 높이며 과학 분야에서 세계 최고 국가가 되었다. 이는 그 뒤 수년간 미국의 공공 및 민간 분야에 많은 혜택을 가져다주었다.[6] 달 탐사와 직간접적으로 연관된 수백만 개의 일자리가 창출되었다. 그중 상당수는 우주경쟁에서 파생된 기술과 관련이 있었는데, GPS 시스템, CT 스캔, 무선 헤드폰, LED

조명, 냉동건조 식품, 메모리폼, 노트북, 긁힘 방지 안경 렌즈, 휴대폰, 정수기, 가정용 단열재 등 이 책을 다 채우고도 모자랄 만큼 다양하다.[7]

기후변화는 전 세계의 행동을 필요로 한다

기후변화 위기를 극복하기 위해서는 이처럼 가슴 뛰게 하는 글로벌 비전이 필요하다. 방대한 규모와 속도의 글로벌 프로젝트는 성공적으로 실행하기 어렵다는 것이 많은 사례에서 확인되었지만, 그럼에도 기후변화 해결을 위해서는 반드시 필요한 부분이다. 사실 기후변화는 다양한 정부, 기업, 시민사회 리더들만의 문제가 아니다. 기후변화 문제로 2019년 전 세계를 사로잡았던 스웨덴의 그레타 툰베리(Greta Thunberg)처럼 누구나 참여해서 우리 시대의 문숏을 만들어낼 수 있는 완벽한 기회다. 케네디 대통령이 우주경쟁을 이끌며 소련에 맞서 싸웠던 것처럼, 우리에게도 '지속 가능하지 않은 지구'라는 확실한 공공의 적이 있다. 그때와 마찬가지로 지금도, 목표 대비 뒤처지고 있다는 증거들이 있다. 기후변화 문제는 사회 모든 구성원의 협력을 필요로 하며 파생된 혁신, 새로운 산업의 등장, 막대한 고용기회 창출 등으로 혜택을 가져올 것이다. 중요한 것은 그 임무를 완수할 시간이 10년밖에 남지 않았다는 것이다.

기후변화 대응에 필요한 주체는 정부, 개인, 기업, 비영리단체, 학계, 일반인의 기여 등 비교적 자명하다. 하지만 정치적 의지 부족, 협업 능력 부족 등이 가장 극복하기 힘든 장애물이 될 수 있다. 이를 위해 네 가지 대응 방안이 필요하다.

먼저 국제사회는 지금 즉시 탄소발자국을 획기적으로 줄일 수 있는 방법을 마련해야 한다. 탄소 연료 사용을 줄이는 것도 중요하지만, 전 세계 정책의 우선순위로 삼는다면 놀라울 만큼 큰 변화를 가져올 방법도 많다. 환경운동가 폴 호킨(Paul Hawken)의 저서 『드로다운(Drawdown)』은 지구온난화를 즉시 해소하기 위한 조치를 다각적으로 분석한 책이다.[8] 그는 100가지 탄소발자국 감소 방안을 제시했는데, 이 중에는 의외의 방법도 많다. 태양광, 지열 발전 등 많이 알려진 방법 외에 가족계획, 채식 위주 식단, 여아 교육 등도 포함된다. 『드로다운』에 제시된 해결책은 탄소 배출량을 상당히 줄일 수 있는 기업친화적 방식이다(특정 산업에 큰 변화를 가져오기 때문에, 대체 산업 및 기업이 등장할 수 있는 경우도 있기는 하다). 그리고 우리 모두의 행동이 필요하다. 호킨이 제시한 방안은 일자리 창출, 경제적 불균형 해소, 민족주의 장벽 붕괴, 기술 및 제도에 대한 신뢰 회복 등 이 책에서 언급한 다른 위기의 해결에도 도움을 줄 수 있다. 우리가 행동으로 옮길 수 있는 방안과 그 효과는 〈표 11-1〉을 참고하기 바란다.

둘째, 방대한 규모와 속도의 기후변화 대책을 수립하기 위해서는 지구온난화의 부정적 영향이 이미 나타나고 있음을 인정하고, 2030년까지 지금과는 비교할 수 없는 심각한 위기가 나타날 것임을 인식해야 한다. 현재 우리는 파괴적인 태풍과 화재, 농업 생산성의 급격한 하락, 가뭄, 대규모 재산피해 등에 어쩔 수 없이 익숙해지고 있다. 미래의 온실가스 문제를 해결하려면, 현재의 영향을 줄이는 스마트한 솔루션이 필요하다.

셋째, 필요한 자원, 개발 프로그램, 교육, 훈련 등을 제공함으로써 지구온난화를 해결할 수 있는 신기술이 조속히 개발되도록 장려해야 한다. 호킨이 제시한 방법 중에는 이미 알려진 기술도 있으나, 아직 개발되지 않은, 알려지지 않은 기술들을 확보할 수 있다면 상황은 달라질 것이다.

표 11-1 탄소발자국 저감을 위한 20대 방안

해결책	부문	CO2 저감/격리 환산 2020~2050 (단위: Gt)
1. 육상 풍력발전	전력생산	147.72
2. 유틸리티용 태양광 발전	전력생산	119.13
3. 음식물쓰레기 줄이기	식량, 농업, 토지 사용, 토지 흡수원	94.56
4. 채식 위주 식단	식량, 농업, 토지 사용, 토지 흡수원	91.72
5. 건강 및 교육	건강 및 교육	85.42
6. 열대우림 복원	토지 흡수원	85.14
7. 조리 설비 위생 및 개선	시설	72.65
8. 태양광 분산 발전	전력	68.64
9. 냉매 관리	산업/시설	57.75
10. 대체 냉매	산업/시설	50.53
11. 임간방목(silvopasture)	토지 흡수원	42.31
12. 이탄지대 보호 및 재습윤	식량, 농업, 토지 사용, 토지 흡수원	41.93
13. 조림(황폐지)	토지 흡수원	35.94
14. 다년생 작물 재배	토지 흡수원	31.26
15. 온대림 복원	토지 흡수원	27.85
16. 관리형 방목	토지 흡수원	26.01
17. 수목 사이짓기	토지 흡수원	24.40
18. 집광형 태양열 발전	전력 생산	23.96
19. 대중교통	교통	23.36
20. 재생을 위한 일년생작물 재배	식량, 농업, 토지 사용, 토지 흡수원	22.27

ⓒ 2020 Project Drawdown

주: 드로다운 시나리오 2 기준(지구온난화 속도 1.5℃ 수준으로 기후변화 방지).
자료: 222.drawdown.org

마지막으로, 사회제도는 거대하고 중요한 위기를 해결하기에 역부족인 것으로 보인다. 사실상 사회제도의 약점 중 상당수가 위기의 원인이 되기도 한다. 하지만 긍정적 모멘텀을 제공할 수 있는 기관들을 기후위기 프로젝트에 참여시키기 위해서는 깨어 있는 리더와 구성원들의 노력이 필요하다. 핵심적인 사회제도는 안정성을 유지하고 지역 및 세계 시민이 삶에 확실성을 제공하는 중요한 (그리고 신뢰할 수 있는) 역할을 회복해야 할 것이다. 사회제도가 지구온난화 해결에 참여하지 않는다면, 관성에 젖어 심각한 문제의 원인이 될 것이다.

글로벌 조력자로서의 기술

20세기 초에는 존재조차 하지 않았지만, 글로벌 위기 해결 노력의 성공 가능성을 높일 수 있는 것이 있다. 바로 소셜미디어다. 하나의 목적을 위해 수많은 사람들을 결집시킬 수 있고, 그 어떤 매체보다도 도달 범위가 넓기 때문이다. 이것을 가장 잘 보여주는 최근 사례가 2011년 말에 시작된 아랍의 봄(Arab Spring)이다. 흥미롭게도 나는 글로벌 MBA 학생들과 함께 아랍에미리트연합(UAE)를 방문했을 때, 이미 4개월 전부터 소셜미디어에 어떻게 그 전조가 나타났는지 직접 확인할 수 있었다. 한 수업에서 카타르 왕족 모하메드 알타니(Mohamed al Thani)는 놀라울 정도로 정확한 예측을 공유해 주었다. 걸프만 국가와 이집트는 새로운 자유를 누렸지만 여전히 한계가 있었다. 더 많은 자유에 대한 요구가 대두될 것이며, 상대적으로 젊은 인구층이 기존 리더십에 불만이 많고 권력층과 일반인 간의 빈부격차에 대해 분노하고 있다는 것이었다.

가장 흥미로웠던 부분은 새로운 기술, 특히 소셜미디어와 유비쿼터스 통신으로 인해 중동 지역에서 보지 못한 완전히 새로운 방식으로 젊은 세대가 이러한 불만을 표출할 수 있다는 것이었다. 걸프만과 인근 지역 아랍 국가들이 국민의 불만에 귀를 기울이지 않는다면, 정부가 전복될 수 있었다. 그로부터 4개월 후 튀니지에서 시작된 봉기가 아랍 지역 대부분으로 확대되었고, 결국 바레인, 이집트, 리비아, 시리즈, 예멘에서 혁명의 물결이 일어났다. 알제리, 이란, 이라크, 요르단, 쿠웨이트, 레바논, 오만, 수단에서는 봉기가 발생했다. 이집트 정부가 붕괴되었고, 봉기의 여파는 시리아와 리비아의 내전, 예멘 등에서도 나타났다.

알타니가 그러한 예측을 내놓자, 학생들은 회의적인 반응을 보였다. 아랍 국가의 지도자 대부분이 어떤 시위든 아주 쉽게 통제할 수 있을 것이라 생각했다. 물론 우리가 틀렸다. 정보 통신과 소셜미디어가 얼마나 빠르게 행동주의를 촉발하고 확산시킬 수 있는지 과소평가했던 것이다. 정부처럼 느린 조직은 소셜미디어의 영향을 무마할 정도로 빨리 대응하지 못했다. 소셜미디어는 좋게 또는 나쁘게도 사용될 수 있는 강력한 힘이 있다. 우리는 소셜미디어가 방대한 규모와 속도로 긍정적인 변화를 가져오는 기반이 되기를 바란다. 아랍의 봄이 가져온 결과가 긍정적이었는지 부정적이었는지는 결국 역사가 판단할 문제다. 하지만 인류가 국경을 넘어 함께 신속하게 행동할 수 있다는, 매우 의미 있는 사실을 우리에게 가르쳐주었음은 부인할 수 없다.

◎ ◎ ◎

마지막으로 핵심 메시지를 다시 한번 강조하고자 한다. 우리가 과거의 속도로 의사결정을 내리고 실행한다면, 이 책에서 언급한 위기를 신속히 해결할 수 없다. 방대한 규모와 속도로, 필요한 조치를 행동에 옮겨야 한다. 제2차 세계대전 이후처럼 세계가 엉망인 것은 아니지만, 우리는 중요한 갈림길에 서 있다. 어떤 방향을 선택하느냐에 따라, 다음

세대에 멋진 세상을 물려줄 수도, 부끄러운 세상을 물려줄 수도 있다. 선택은 우리의 손에 있다. 방대한 규모와 속도로 성과를 내는 인류의 능력을 다시 회복할 수 있느냐에 달린 것이다.

제 12 장

리더십: 영향력의 새로운 프레임

패러독스의 균형잡기

이 책을 집필하면서 우리는 특별한 사람들을 만났다. 역동적이고 상상력이 풍부하며 특별한 통찰력이 있는 사람들이었다. 세계의 위기에 대해 매우 걱정하면서 종교, 제도, 기업이 변화와 위기의 미래에 대비할 수 있도록 그 방향을 재설정하고, 많은 시민들의 사회적 여건을 개선하기 위해 노력하고 있었다. 정도는 다르지만 리더들은 많은 시간을 들여 (심지어 인생의 업으로 삼아가면서까지), 위기의 원인과 심각성을 이해하고자 노력했다. 남들은 문제 자체를 파악하는 것도 힘겨워하는 동안, 그들은 창의적인 해결책을 제시했다. 그들이 최악의 상황에서도 효과적으로 역할을 수행하고 미래를 정확히 예측할 수 있는 이유를 살펴보면, 의외의 공통점이 드러난다. 서로 상충되는 것처럼 보이는 두 가지 특징을 잘 조화시켜 유리하게 활용했다는 것이다.

진 나이빙 부시장은 자신이 태어나고 자란 쿤산을 위해 계속 헌신하면서도 글로벌한 활동을 펼치고 있다. 마저리 스카디노는 피어슨에서 100년 된 전통을 과감하게 받아들이면서도, 대규모의 현대적 혁신을 이끌었다. 데니스 스노버는 놀라운 정치적 역량을 통해 G20 프로세스를 활성화함으로써 시대의 요구에 맞는 G20의 영향력을 회복하고 자신의 장점인 진실성을 잃지 않았다. 짐 단코는 보수적인 중서부 대학을 변화시키고 빠르게 개혁하는 조치를 추진하면서도 겸손한 자세로 합의를 이뤄냈다. 마이크로소프트의 사티아 나델라는 소프트웨어, 플랫폼, 기계에 특화된 기업의 리더이면서도 철저한 휴머니스트였다. 라비 벤카테산은 조직에 대한 대담하고 미래 지향적인 전략을 갖고 있었다. GAME을 통해 2030년까지 인도에서 1000만 명의 사업가를 양성하고 교육하는 계획을 추진하면서도 강력하고 역동적인, 현장형 실행 역량을 보여주었다.

이들은 서로 상반되는 특성들을 능숙하게 통합해, 포괄적이고 생산적이며 효과적인 리더십 스타일을 만들어냈다. 여기에 나는 이른바 '여섯 가지 리더십 패러독스'라는 이름을 붙이고자 한다. 각자의 상황에서 복잡한 문제를 해결하기 위해, 한 가지 이상의 패러독스 요소를 자연스럽게 활용하는 법을 터득했다. 이것은 쉽지 않은 일이다. 많은 리더들이 (사실 우리 모두가) 자신이 가장 잘하는 것에만 마음이 끌리기 쉽다. 그러나 리더십 패러독스는 잘하는 일뿐만 아니라, 피하고 싶은 일에도 능력을 함께 발휘할 것을 요구한다.

여섯 가지 리더십 패러독스는 하나의 시스템처럼 움직이며, 서로 상충되는 특성, 능력, 신념에 대해 조화를 이룰 것을 요구한다. 각 패러독스의 중심에는 핵심적인 갈등이 존재한다. 모순적이면서도 상호 연관된 요소들이 동시에 존재하고 지속되는 과정에서 계속 나타난다. 이러한 특성이 서로 조화를 이루지 못하면, 원하는 성과를 달성할 수 없다. 영웅처럼 위기의 벼랑 끝에서 조직을 구할 수 있을지는 모르나, 겸손하게 조언을 구하는 자세나 방향성을 바꿀 능력은 부족하다. 결국 캠페인은 실패로 끝나게 된다.

이번 장에서 살펴볼 여섯 가지 리더십 패러독스는 리더들이 ADAPT 위기에 대응하는 과정에서 경험하는 것이며, 오늘날 리더들이 가장 시급하게 받아들여야 할 것이기도 하다. 우리가 직면한 전례 없는 심각한 위기에 대응하는 데 절대적으로 필요한 리더십을 새로운 관점에서 바라볼 수 있다. 향후 10년간은 유효할 것이다. 현재의 위기가 본질적으로 모순적인 성격을 띤다는 점, 그리고 수백만 명의 경제·사회적 여건을 개선하는 데 기여한 글로벌 체제가 무의미해지면서 리더십 패러독스가 생겨난 것임을 고려하면 더욱 당연한 사실이다. 이제 훌륭한 리더는 양날의 검을 능수능란하게 다룰 수 있어야 하는 시대가 되었다.

패러독스 1: 기술에 밝은 휴머니스트

● 필요 역량

기술 지식: 미래의 성공을 위해 기술을 사용하고 다룰 줄 안다.

휴머니스트: 사람과 조직, 그 기능 방식뿐만 아니라 시스템과 상황 속에서 인간의 역량을 이해하고 중시한다.

마이크로소프트의 CEO 사티아 나델라를 만나보면, 그가 여러 면에서 휴머니스트이자 기술전문가라는 사실에 놀라게 된다. 그는 세계 각국과 회사의 사업장이 있는 지역에서 마이크로소프트의 역할과 미션에 대해 논의하면서, 기술에 관한 설명을 곁들이는 것을 좋아하는 사람이다. 2014년 CEO로 취임한 이후, 마이크로소프트는 계속해서 '가장 일하기 좋은 기업'에 여러 차례 선정되었다. 직원들의 혁신을 장려하고, 벽을 허물고 소통의 장을 열었으며, 직원들에게 투명한 경력경로를 제시하고, 다양성 증진을 임원 보수와 연계하는 등 새로운 기업문화를 구축했다. 그는 "회사의 미션처럼 세계에 도움이 되는 기업이 되려면, 세계를 반영해야 한다"라고 언급했다. 그는 자신의 리더십 철학을 다음과 같은 식으로 표현했다.

공감 + 가치공유 + 안전성과 신뢰성 = 지속적 신뢰

물론 나델라는 기술 전문가의 면모도 갖추고 있다. 마이크로소프트는 뚜렷한 인터넷 전략 없이 한동안 방향성을 잡지 못했으나, 그는 회사를 클라우드 기반 네트워킹과 소프트웨어 분야의 선두주자로 변신시켜 매출, 수익, 시장가치를 기록적인 수준으로 끌어올렸다. 리더십 패러독스 1의 휴머니스트적 측면은 단순히 조직 내에서 긍정적인 경험을 독려하는 것 이상의 복잡한 능력이다. 사람들이 어떻게 움직이는지, 시스템이 어떤 영향을 주는지, 어떻게 하면 사람들의 삶이 기술로 인해 퇴보가 아니라 발전할 수 있는지 등을 충분히 인식해야 한다. 동시에 기술 발전의 영향에 가장 많이 노출된 사람들이 어떤 영향(혜택 또는 피해)을 겪을지 고민하며 배려해야 한다. 특히 아직 구상 단계에 있는 기술의 효과를 예측하는 데 높은 수준의 공감 능력이 있어야 한다. 기술전문가는 고도의 자기 성찰을 통해, 자신들이 개발 및 출시하는 기술의 부정적 결과를 인식하고 해소할 수 있어야 한다.

최고위 임원 중에 휴머니스트가 있는 IT 기업 모두 훌륭한 글로벌 시민으로서 역할을 할 것이라고 생각하겠지만, 그것만으로는 충분치 않다. 리더십 패러독스 1에서 기술지식의 중요성을 과소평가해서는 안 된다. 기술은 우리의 삶을 지배하며, 완전히 새로운 방식으로 영향을 미친다. 악의 없이, 신중하고 세심하게 기술을 활용하는지에 따라 우리의 사생활, 생계, 삶의 질, 사회관계는 달라진다. 기술은 좋은 것이라고만 생각하거나, 기술이 우리의 사고, 감정, 공동체, 국가에 끼치는 영향에 대해 순진한 생각만 하는 것은 더는 바람직하지 않다. 기술에 정통한 리더만이 충분한 전문성을 갖춰 미래를 위한 시스템을 구축할 수 있으며, 기술을 삶을 위협하는 것이 아니라 개선하는 데 사용할 수 있다. 과거의 기술 솔루션을 따르는 리더는 실패한다. 리더는 개인과 조직의 미래의 행복에 결정적 역할을 한다. 기술의 영향을 제대로 판단하지 못하거나 이 문제를 충분히 심각하게 다루지 못하는 리더는 역할을 제대로 못하고 있는 것이다.

패러독스 2: 강직한 정치인

● 필요 역량

강직함: 모든 관계에서 강직함을 유지하고 신뢰를 얻는다.

정치인: 동의를 얻고 협상하고 연합을 이루며, 반대파를 설득해 계속 발전을 이루어낸다.

제9장에서 언급했던 GSI 소장 데니스 스노버가 맡은 업무는 불가능한 일이었다. 매년 열리는 G20 정상회담에서 정치인들이 좋아하는 주

제가 아닌 기후변화, 자원 부족, 빈부격차 등 중요한 글로벌 의제가 논의되도록 재설계하는 것이었다. 그는 새롭고 시급한 문제와 그동안의 성과를 고려해, 지속적 의제 발굴을 위한 프레임을 구축했다. 그렇게 하기 위해서는 상당한 정치적 역량이 필요했다. 다양한 이해관계자들의 합의를 이루어내는 것이 쉽지 않았기 때문이다. 정치지도자, 경제학자와 정치학자들에게 자신의 계획을 설득시켜야 했다. 하지만 그들은 모두 새로운 세계질서의 형태에 대해 매우 다른 견해를 가지고 있었다. 기업을 상당히 불신하는 학계 및 싱크탱크의 의견과 기업의 목소리를 통합해야 하는 부분도 있었다. 더군다나 G20 국가들 내부에서도 적대감과 민족주의가 확산되는 상황이었다.

어려운 작업이었지만 결국 성공을 거둘 수 있었던 것은 정치적 설득, 협상, 전술, 토론, 거래 과정에서 스노버가 흔들림 없는 목적의식과 명확한 목표, 정직, 공정성을 발휘한 덕분이다. 그는 정치적 역량을 발휘해 서로 상충되는 이해관계 속에서 합의를 이루어내면서도, 강직한 모습을 통해 사람들이 함께 모여 대화를 계속할 수 있게 했다. 사람들은 그가 모든 참여자의 이해관계를 중시하며, 단순히 합의를 위해 거짓말하거나 속이지 않을 것임을 신뢰했다. 그 많은 사람 중 아무도 그의 이타성이나 의도에 의문을 제기하지 않았다. 역량이 뛰어난 정치인은 많지만, 강직함과 공정함으로 인정받는 사람은 많지 않다.

스노버의 노련한 정치력은 흔들림 없는 강직함을 바탕으로 한 좋은 롤 모델을 제시한다. ADAPT로 인한 문제와 4대 글로벌 위기에 대응하기 위해서는 많고 다양한 이해관계자의 참여가 점점 더 필요하기 때문이다. 인류의 위기는 점점 복잡해지고 상호 연결되어 있기 때문에, 해결책을 강구하는 데 다양한 관점, 고려 사항, 기본적인 가정을 갖고 있는 이해관계자의 참여가 중요하다. 따라서 추진력을 얻기 위해, 리더는 동의를 구하고, 협상하고, 연합을 결성하고, 반응을 예측하고, 반대를 극복해야 한다. 이해관계가 더욱 다양해지면서 정치적 역량이 그 어느 때보다 중요해졌다. 하지만 그 과정에서 신뢰를 얻지 못하거나, 근본적 목적이나 상호 존중에 대한 믿음이 없으면 사람들은 대부분 떠나버린다.

정치적 합의를 이루려는 사람들이 실패하는 이유는 매우 정치적인 환경에서 강직성을 잃기 때문이다. 모든 사람의 요구를 충족시키고 반대파를 저지하는 데 치중한 나머지, 빠른 해결을 위해 자신의 핵심 원칙을 포기하기도 한다. 그러나 오늘날 정치 환경은 지나치게 양극화되고 불신이 가득하기 때문에, 개인의 이기심보다는 투명한 강직성으로 공동의 목표를 위해 헌신하는 리더만이 성공적인 결과를 끌어낼 수 있다.

패러독스 3: 글로벌 마인드를 갖춘 로컬주의자

● 필요 역량

글로벌 마인드: 신념 체계와 시장구조에 대해 불가지론적(agnostic) 견해를 가지고 있으며, 세계에 많은 관심을 보인다.

로컬주의자: 지역에 깊은 애정이 있으며, 지역 시장의 문제와 미묘한 분위기를 이해하고 효과적으로 대응한다.

제4장에서 소개한 쿤산의 진 부시장은 자신의 도시에 매우 헌신적이며 자부심이 강하다. 이는 첫 만남에서부터 알 수 있었다. 그녀는 나를 쿤산에서 유명한 아오자오(Ao Zao) 국수집으로 초대했다. 청나라 때 베이징의 황제는 그 국수를 처음 만든 요리사를 데려가려고 했지만, 그는

진 부시장처럼 쿤산에 대한 애정이 너무나 강한 나머지 떠나지 않았다고 한다. 나는 중국 경극이 유래된 극장과 쿤산시 학생들의 작품이 전시된 미술관을 방문했다. 진 부시장은 자신이 가장 좋아하는 현지 음식인 털게 요리를 추천해 주었다. 인근 호수의 물로 만든 유명한 요리였다. 그녀는 강력한 교육제도, 문화적 자산, 성장경제를 결합해 쿤산의 지속적인 번영을 추구하는 끈질긴 로컬주의자였다.

진 부시장은 또한 세계를 열심히 공부하는 학생이었다. 우리가 정치적 분열, 경제적 경쟁, 빈부격차 문제를 깨닫기도 훨씬 전부터 그녀는 이미 문제가 심각해지고 있음을 눈치챘다. 쿤산시의 성공을 유지하려면 반드시 듀크대학교를 유치해야 한다고 믿었다. 세계적인 대학은 혁신 도시로서 쿤산의 입지를 강화시켜, 전 세계의 학생, 교사, 연구자, 기업가를 유치할 수 있게 해줄 것이었다. 또한 대학 주변의 상업 개발, 고급 주택, 자본에 대한 접근성이 높아질 것이라 예상했다. 간단히 말해 듀크대와의 연계를 통해 쿤산이 세계적 도시로 발돋움할 수 있음을 알고 있었다.

진 부시장은 세계관의 중심이 글로벌에서 로컬로 바뀔 것임을 21세기 초에 이미 예견했다. 사람들은 자신과 자녀 세대의 미래에 대해 더 불안해하고 걱정하고 있었다. 그럴수록 시야가 좁아진다. 자신과 비슷한 사람들을 찾고 자신과 가까운 문제 위주로 관심을 기울인다. ADAPT로 인한 문제점 상당수는 지역 단위에서 가장 잘 해결할 수 있다. 국가 또는 국제적 차원에서는 다루기 어렵거나 의견 양극화로 합의를 이루기 어렵다.

하지만 지역 수준에서 해결할 수 없는 중대한 과제들도 있다. 대기, 해양, 질병 등은 국경을 가리지 않는다. 각국의 경제도 여전히 매우 긴밀하게 연결되어 있다. 인류의 이익을 위해 기술을 활용하는 것도 초국가적 성격을 띤다. 세계적으로 심각한 불균형도 무시할 수 없다. 빈부격차에 대한 걱정은 단순히 이타적인 차원에서만은 아니다. 저소득 국가 국민들은 합법 또는 불법 이민자가 되며, 국경 너머의 전쟁에 참여하기도 한다. 우리는 서로의 문제에서 자유로울 수 없다. 따라서 리더는 기민하게 세계의 움직임을 파악하면서도 지역에 집중하는, 역설적인 마인드를 견지해야 한다. 이 패러독스의 양면을 모두 수용하지 않는다면 결과는 자명하다. '글로벌'이라는 측면만 강조하면 결국 평준화된다. 한 국가의 경제적 평등 지표로 GDP를 사용하는 경우와 마찬가지이다.

한편, 직업교육은 전 세계적으로 필요하지만, 지역마다 일자리 수요와 필요 역량은 다를 것이다. 일반화된 업스킬링 프로그램이 도움이 되지 않는 지역도 많을 것이다. 막상 일자리가 가장 필요한 지역에는 지원되지 않을 수도 있다. 반면 글로벌 비전 없이 로컬주의만 추구하면 우리가 상호 연결된 세상에 살고 있음을 간과하게 된다. 각 지역이 독립적으로 살아갈 수 있다고 생각하면 마음이 편해질 수는 있지만, 순진한 생각이다. 지역 이니셔티브가 지역경제의 성장을 이끌 수는 있으나, 지역경제는 혼자 작동할 수 없다. 또한 세계적 또는 국가적 경제·사회 프로젝트는 다양한 전략과 전술 모델을 시험해볼 수 있는 좋은 여건을 제공한다. 따라서 혁신적인 로컬주의 리더들이 최적의 모델을 도입하는 데 도움이 된다.

패러독스 4: 겸손한 영웅

● 필요 역량

겸손함: 타인과 서로 돕는 관계에 있음을 인식하고 자신과 타인의 회
복탄력성을 강화한다. 겸손한 자세로 타인의 말을 경청한다.

영웅: 불확실성의 시기에 결정을 내리고 진중한 자신감을 보인다.

제9장에서 소개한 버틀러대학교의 짐 단코 총장은 학교가 관성에서
벗어나 발전할 수 있도록 인상적인 프로젝트를 진행했다. 먼저 독립적
인 부서를 만들어 완전히 새로운 교육 모델을 빠르게 설계할 수 있도록
했다. 그 과정에서 단코 총장은 대학의 미래에 대해, 그리고 대학이 직
면한 역동적 변화에 빠르게 대응할 역량을 확보할 수 있을지에 대해 과
감한 질문을 던졌다. 매우 중요하고 광범위한 질문이었지만, 그는 대학
에 자신의 해답을 강요하지 않았다. 그 대신 학교 이사회와 동문회, 학
생, 교수 등 관계자들의 반응을 경청했고, 반대의견을 포함해 좋은 아이
디어들을 받아들였다. 게다가 자신의 계획이 아직 시도해 보지 않은 새
로운 것임을 감안해 스스로 확신할 수 없는 부분도 있음을 인정하면서,
문제가 생기면 검토하고 공유하며 시정하겠다고 약속했다.

단코 총장의 영웅적인 면모는 조직을 지키기 위해 행동하는 리더가
되겠다는 과감함에서 비롯되었다. 또한 그의 노력이 성공할 수 있었던
것은 바로 겸손함 때문이었다. 다양한 구성원을 하나로 모으고, 협업하
도록 설득하고, 새로운 프로젝트의 개선 필요 여부를 평가하기 위해 대
학의 동의를 얻어 지속적인 계획을 수립했다. 그는 '겸손한 영웅' 리더십
패러독스를 수용할 수 있는 역량을 갖추고 있었다. 불확실성의 시대에

자신감을 갖고 두려움 없이 맞서는 리더, 자신이 틀릴 수 있다는 것, 그리고 최적의 솔루션 수립에 필요한 부분을 간과할 수 있다는 것을 겸손하게 인정하는 리더가 필요하다. 어떻게 하면 그러한 리더를 양성할 수 있을까?

오늘날 리더들이 직면한 변수들은 급변하고 있기 때문에 실행이 매우 어려운 시대가 되었다. 리더 스스로도 확신할 수 없는 상황에서 조직에 확신을 주는 것은 어려운 일이다. 그러나 리더들은 불안감의 시대에는 그 어느 때보다도 더욱 자신 있게 영웅적인 태도로 행동하는 것이 중요하다는 것을 알고 있다. 영웅주의 자체가 문제는 아니다. 극복할 수 없는 문제가 발생한 상황에서 다른 사람들이 좋은 제안을 해줄 때에도 한 방향만 고집하거나, 자신이 모든 정답을 알고 있는 듯 거만하게 행동하는 것이 문제다. 변화의 규모와 속도 때문에 오늘날의 리더들은 신속하게 결정을 내리고 행동으로 옮기면서도, 자신의 한계를 인정하는 겸손함과 실수를 인정하는 용기가 필요하다 .

겸손에는 포괄적 수용이라는 또 다른 중요한 측면이 있다. 진정한 리더는 결과에 따라 가장 영향을 많이 받는 계층이지만, 전문가의 의견을 취합해 실수를 방지할 수 있다. 리더는 다양한 사람들로부터 취합한 의견, 배경 자료, 데이터, 실제 사례 등을 반영해 모든 사람이 최종 결정에 참여하게 함으로써 자신의 선택이 실수라는 결과를 낳더라도 팀워크를 통해 신속하게 수정할 수 있다. 물론 가끔은 너무 다양한 의견이 리더를 무력하게 하고, 의사결정을 두려워하게 만들 수도 있다. 해결책이 너무 복잡하고 미묘한 요소로 구성되는 경우 그렇다. 이때가 바로 이 리더십 패러독스의 영웅성을 발휘해야 하는 때이다. 리더가 아무런 의사결정을 하지 않는 것은 아무것도 하지 않겠다는 의지의 표현이다. 그러한 리더가 이끄는 조직, 지역은 오늘날과 같은 역동적인 상황에서 뒤처지고 말 것이다. 진정한 리더는 자신이 알고 있는 것을 바탕으로 결정을 내리고, 그 결정이 잘못된 것으로 판단되면 기꺼이 항로를 바꿀 수 있어야 한다.

리더가 자신이 틀렸음을 인정하고, 타인의 실수를 포용하며, 열린 마음으로 조언을 받아들이고, 어려운 상황에서도 직감에 따라 결정을 내리면서 지속적인 성공을 이끌어낼 수 있는 자신감을 키우기 위해서는 스스로 강력한 회복탄력성을 갖추어야 한다. 자신의 취약점을 드러내는 과정에서 리더는 동료들에게 더욱 인간적인 사람으로 인식된다. 겸손한 영웅의 역설적인 이러한 모습은 미래에 맞서는 발판이 될 것이다.

패러독스 5: 전통을 기반으로 한 혁신자

● 필요 역량

전통: 조직이나 지역의 목적(특히 근간이 되었던 독창적 아이디어)을 깊이 공감하며, 이러한 가치를 현재까지 이어간다.

혁신: 혁신을 추진하고, 새로운 것을 시도하며, 실패하는 것을 두려워하지 않고, 타인의 실패도 용납한다.

제9장에 등장하는 피어슨(Pearson Plc)의 CEO 마주리 스카디노는 회사의 강점이 전통에서 비롯된다고 보았다. 피어슨의 ≪파이낸셜 타임스≫와 ≪이코노미스트≫는 내용이 풍부하고, 스마트하며, 정확하고, 신뢰할 수 있는 주요 수익원이다(피어슨이 지분 50% 소유). 교육사업도 높이 평가받고 있으며, 조직의 DNA에 중요한 부분이었다. 기술, 투자은

행, 밀랍인형관 등의 사업체는 상황이 달랐다. 스카디노의 과제는 회사의 강점인 전통을 유지하고 본질적인 특색을 유지하면서도, 새로운 채널과 제품을 개발해 구 미디어가 직면한 기술의 파괴적 변화 속에서 살아남는 것이었다. 스카디노가 민첩하게 실행에 옮겼던 것과 달리, 나머지 유명한 언론사(≪타임≫ 등)들은 그러한 변화를 만들어내지 못했다.

스카디노와 같은 리더를 위해 나는 '전통을 기반으로 한 혁신가'라는 용어를 만들었다. 자신이 이끄는 사회제도의 전통을 존중하면서도, 중요한 특징을 보존하려면 의미 있는 혁신이 필요하다는 것을 깨닫는 사람이다. 내가 이 용어를 고안하게 된 것은 듀크대학교에서 가장 가까웠던 동료이자 성직자를 양성하는 신학대학 학장 그레그 존스(Greg Jones)와의 대화를 통해서였다. 아주 오래된 글 한 편이 모든 연구와 강의의 근간이 될 정도로 전통이 깊이 뿌리박힌 학교를 변화시키는 것이 얼마나 어려운 일인지 그는 설명해 주었다. 현대의 다학제적인 문제를 중점적으로 다루는 타 학교, 연구 및 교육 기관과 좀 더 통합이 필요하다고 믿었다. 또한 점점 세속화되는 사회에서 종교적 지도자를 양성하기 위해서는 변화가 필요하며, 현대 세계에서 인성·미덕 등의 개념을 재고찰할 필요가 있다고 언급했다. 다소 외람되지만, 나는 그의 문제가 결국하나의 질문으로 귀결된다는 생각이 들었다. '10년 전 신이 틀렸었다는 사실을 교수진, 이사회, 동문, 연합 교회, 학생들에게 어떻게 설명할 것인가?'였다. 조금 포장하자면, '과거의 전통과 진실을 현대에도 의미 있는 방식으로 어떻게 전달할 것인가?' 하는 질문이었다.

스카디노에게는 피어슨의 가장 유명한 자산과 역사적 전통을 보존하는 것이 중요했다. 피어슨을 가치 있게 만드는 것이기 때문이다. 이러한 전통이야말로 ADAPT 위기의 상황에서 가장 필요한 것이다. 즉, 공정하고 중립적이면서도, 정교하게 세계를 꿰뚫어 보는 언론이 필요하다. 동시에 혁신은 절대적으로 필요한, 타협 불가능한 것이다. 모든 조직은 한 번의 혁신으로 끝나는 것이 아니라, 세계의 변화에 발맞추어 지속적으로 변화해야 한다. 리더는 조직이 새로운 영역, 기술, 방법, 상품, 서비스, (그리고 가장 중요한) 새로운 아이디어를 도입할 수 있는 문화를 조성함으로써 혁신을 가능하게 해야 한다. 기존의 방식에 의문을 제기하거나 최신화하지 않고 그대로 유지하는 조직은 현대사회에서 그 의미를 잃을 수밖에 없다.

하지만 전통을 기반으로 하는 혁신을 추구하는 것보다, 조직을 완전히 해체하고 새로 시작하는 것이 더 적절한 것은 아닐까? 패러독스에서 전통성에 해당하는 부분을 버리는 것이 맞을까? 대부분 조직에서 이는 무모한 방법이다. 결국 언론, 정부, 교육, 시장, 경찰, 국방 등 사회제도는 의심의 여지없이 당연히 가치가 있다. 과거에도 그러했듯 현재에도 중요한 부분들이다. 사회제도가 변화하고 현대화하지 못하는 것이 가장 결정적인 단점이다. 사실 일부 언론은 변화의 물결에서 살아남기 위해, 그들이 고수해 온 철학을 뒤집어 버렸다. 독자를 위한 품격 있는 언론의 역할을 버리고, 인터넷 조회 수를 올리는 데 혈안이 되어, 출처도 불확실하며 형편없고 선정적인 기사들만 쏟아냈다. 온라인에서 수백 개의 매체와 유혈 경쟁을 벌이는 사이, 온라인 사업의 수익성 악화로 그 중 상당수는 결국 살아남지 못했다.

전통을 존중하는 리더들은 조직에 적합하고 효과적인 혁신을 도입할 수 있다. 조직의 핵심 목적을 이해하면서 현대적인 방식으로 달성하고자 노력했기 때문이다. 이는 결국 진화하는 조직의 기반이 된다. '전통을 기반으로 하는 혁신자' 패러독스에서 리더들이 기억해야 할 점은 유교적인 원리로 요약할 수 있다. 조상은 하늘 위에서 우리가 하는 것을 지켜보면서, 우리가 어떻게 여기까지 왔는지 상기시키고, 우리가 방관하지 않고 조직의 전통을 지킬 것을 원한다는 것이다.

패러독스 6: 전략적 실행자

● 필요 역량

전략: 현재의 의사결정을 위해 미래에 대한 통찰력을 활용한다.

실행: 현재의 과제를 정교하게 수행한다.

큰 조직의 전략을 책임지는 사람으로서, 나는 이 마지막 패러독스 앞에서 작아지는 느낌을 받는다. 세계는 너무나 빠르게 변하고 있기 때문에 가만히 앉아 무슨 일이 일어나고 있는지 확인하면서, 장시간 토론하고, 5년 후에 실행할 거창한 계획을 세우고 검토하는 여유를 부릴 시간이 없다. 이제는 그럴 여유가 없다. 당면한 위기와 중대한 단기적 현안에 대응하면서, 초장기 트렌드와 중기적 문제에도 대비해야 한다. 이를 위한 정답은 실행과 전략을 분리하지 않는 것이다. 미래를 내다보면서 실행하거나 실행하면서 전략을 짜야 한다.

GAME의 창립자 라비 벤카테산은 전략적 실행자 패러독스를 대표하는 사례라고 할 수 있다. 그는 수십 년간 기업에서 일하며 습득한 전문지식을 바탕으로, 원대한 비전을 수립하고 큰 조직을 하나로 모을 수 있는 완벽한 전략가다(인도의 2대 은행 바로다은행의 회장이었으며, 그 전에는 마이크로소프트 인도의 회장을 지냈다). 반면, 그는 GAME을 통해 지역의 기업가를 위한 기회 창출에 전념했다. 변화하는 스타트업 환경에서 빠르게 학습하고 적응하는 좋은 사례를 보여주었다.

　그의 조직 체계는 두 가지 요소로 구성된다. 첫째, 비교적 영구적인 아키텍처와 거버넌스 구조를 구축하고, GAME의 미션을 효과적으로 수행할 수 있도록 경험에 근거한 원칙을 적용했다. 둘째, 유동적이고 다이내믹한 운영 모델을 수립했다. 새로운 아이디어에 맞춰 계속해서 개선될 수 있는 모델이다. 벤카테산은 첫 번째 요소를 통해 전략적 실행자 패러독스 중 '실행' 측면을, 두 번째 요소를 통해 '전략' 측면을 보여주고 있다. GAME에 대한 접근 방식에서 가장 인상적인 부분은 그가 수립한 체계적인 구조와 이에 수반되는 규칙, 정책들이 없다면(즉, 거버넌스와 성장을 위해 정교하게 만든 실행 계획이 없다면), 조직은 방향을 잃어 전략적 추진이라는 목표를 달성할 수 없게 된다는 점이다.

　실행과 전략이 균형을 이루지 못하면 성공을 거둘 수 없다. 전략보다 실행을 선호하는 리더는 시스템 내의 문제를 끊임없이 해결하면서도 시스템 자체의 결함을 해결하지 못하는 악순환에 빠져 실패한다. 시스템이 향후 조직의 목표 달성에 어떻게 기여할 것인지에 대한 전략이 있었더라면 성공할 수 있겠지만, 구체적인 성과를 내지 못한 채 문제 해결만 반복한다. 실행 중심의 리더는 미래에 필요한 것보다 현재의 문제에만 갇혀 있다. 리더가 시스템 구축 또는 조직 계획 수립을 이러한 방식으로 접근하면 역동적인 혁신이 어려워진다.

　반면 리더가 실행은 없고 전략에만 모든 것을 거는 경우에는 조직의 생존을 위협하는 문제를 해결할 능력이 없기 때문에 리더도 오래 살아남지 못한다. 당면한 작은 문제를 해결할 수 없다면, 아직 구체화되지 않은 위기들은 당연히 해결할 수 없다. 일상의 뻔한 딜레마에 대응하지 못하는 리더는 대부분의 조직에서 쫓겨날 것이다. 또한 실행되지 않는 시스템, 구조, 프로그램은 단기적으로 자원(자금, 인력, 정치적 자원)을 갉아먹어 결국 아무것도 남기지 않을 것이다. 사람들은 전략이나 실행 중 어느 한쪽에 편향되어 있다. 이를 극복하기 위해 리더는 전략을 명확히 제시하면서도, 즉각적인 니즈와 미래의 변화를 모두 고려하면서 그 전략을 발전시키고 실행해야 한다는 것을 기억해야 한다.

◎ ◎ ◎

나와 같은 역할을 하는 사람들에게 중요한 것은 현재의 성공과 미래의 비전을 동시에, 제대로 수행하는 것이다. 여섯 가지 리더십 패러독스를 효과적으로 조화시키는 것은 벅차게 느껴질 수 있다. 그래서 훌륭한 리더들은 자신의 강점을 파악하고 있으며, 자신에게 가장 적합한 리더십 패러독스를 알고 있다. 자신과 다른 패러독스를 잘 다룰 수 있는 상호보완적 성격의 리더를 주변에 양성해야 한다. 리더십 패러독스와 우수 사례들을 분석하면서, 나는 그들이 각자의 리더십 문제에 얼마나 진지하게 관심을 기울이는지에 깊은 인상을 받았다. 그들은 마을, 조직, 기업, 사회제도의 미래를 결정지을 중요한 사안에 대해 깊은 고민과 용기로 대응하면서, 핵심 원인을 찾고 해결하는 데 필요한 것을 파악하기 위해 노력했다. 주변 사람들의 도움을 기꺼이 받아들이면서 신뢰의 다리를 쌓고 해결책을 찾는 데 좀 더 관심을 기울인다면, 리더십 패러독스는 그렇게 해결하기 어려운 문제는 아닐 것이다.

코로나(COVID-19)에 관하여 ● ● ●

출판사에 원고를 보내고 편집을 마무리하는 사이, 세계는 코로나바이러스의 위기에 휩싸였다. 팬데믹이 초래한 문제는 이 책에서 설명한 위기를 더욱 가속화하고 있다. 전 세계 국가들은 감염 확산세를 줄이기 위해 극단적이지만 필수적인 조치들을 취했다. 이는 세계경제에 중대한 영향을 끼칠 것이며, 가장 취약한 계층을 더 심한 불균형에 빠뜨릴 것이다. 기술은 코로나 방역 활동에 크게 기여하지만, 소셜미디어는 메시지를 분열시키고 증식시켜, 혼란과 공포를 야기한다. 열악한 헬스케어 시스템은 인구 고령화에 따라 급속도로 악화되고 있으며, 현재 위기의 핵심이라고 할 수 있다. 양극화와 전반적인 신뢰의 부재로 인해 사회는 협력이 가장 필요한 시기에 하나가 되지 못하고 있다.

하지만 이 책에 제시된 해결책은 절망 속에서 희망을 준다. 팬데믹 상황에서 심각한 문제를 겪으면서, 지역 자원 부족과 일부 제조업의 현지화 필요성이 여실히 드러나고 있다. 사회제도는 방대한 규모의 작업을 신속하고 효과적으로 실행할 역량 강화의 필요성을 깨닫고 있다. 실제로 가장 인상적이고 강력한 노력은 지역 단위에서 이루어지고 있다. 과학과 제약산업은 전투적으로 솔루션을 확장하고 있다. 역설적이게도,

거리두기로 인해 사람들은 온라인을 통해 서로의 경험을 공유하며 하나가 되고 있다.

코로나는 인류에게 분명 중요한 분수령이다. 문제는, 최적의 솔루션을 수립해 이 책에 명시한 위기를 해결해 나갈 것이냐, 아니면 단기적인 문제 해결에 집중하고 장기적인 사안은 제쳐놓을 것이냐이다. 우리에게는 세계의 여건을 개선하고 코로나 위기를 성공적으로 극복할 수 있는 기회가 있다. 그러한 경험을 바탕으로 더 나은 미래를 준비할 수 있을 것이다. 그 길을 선택하지 않는다면, 고통의 시간은 길어지고 어둠은 더 빨리 찾아올 것이다. 새로운 협력을 강화하고 공동의 이익과 우리 삶에서 중요한 가치에 집중한다면, 우리가 바랐던 것보다 더 빨리 동이 터 올 것이다.

이 책을 쓰는 것은 내가 그동안 이끌어왔던 프로젝트 중에서도 가장 기억에 남을 만한 작업이었다. 그동안 나의 세계관을 형성한 사고 체계를 활자로 표현하고, 인류가 직면한 실질적 위기에 적용해 보는 경험이었다. 내가 정말 존경하는 사람들과 긴밀하게 작업할 수 있는 기회이기도 했다. 연구 팀(수재나, 세리앤, 앨릭시스, 톰, 다리아)과 책 표지에 함께 이름을 올릴 수 있는 것도 자랑스럽다. 그들 덕분에 5년 넘게 이어진 연구의 핵심 아이디어를 담은 책이 완성되었다. 함께 연구하고 집필하고 토론하며 만들어낼 수 있었음에 감사한 마음이다. 책이 출간된 후에도 공동 작업이 계속 이어지기를 바란다. 작업하는 동안 자주 보지 못했지만, 팀원들에게 가장 소중한 그들의 가족에게도 감사의 인사를 전한다(마이크, 제스, 케이티, 윌리엄, 애덤, 미아, 조시, 대니얼, 비어트릭스, 거스, 케이티, 제프, 셰릴, 나탈리아 빅토로브나, 니콜라이 이바노비치, 제프). 팀원으로서 함께해 준 것, 우리의 생각과 아이디어를 책에 담아낼 수 있도록 도와준 것에 감사한다. 이 책이 독자들을 하나로 연결하여, 인류에게 필요한 행동으로 이어질 수 있기를 바란다.

세계 각국의 PwC 동료들도 이 책을 완성하는 데 많은 도움을 주었다.

모두 다 소개할 수는 없지만 그중에서도 몇 명에게는 꼭 감사를 전하고 싶다. 콤 켈리는 나의 이론을 다듬는 데 훌륭한 파트너 역할을 했다. 케빈 엘리스는 영국에 대한 전략 초안을 잡는 데 큰 역할을 했다. 그의 동료들과 함께 논의할 수 있도록 제안해 주었고, 책의 출간에도 도움을 주었다. 밥 모리츠는 책의 내용을 지지해 주었고, 현재 PwC 네트워크의 미래를 위해 위기를 해결하려 노력하고 있다. 스마트하고 헌신적인, 세계 각국의 파트너와 스태프들이 각국에서 ADAPT 위기와 그 영향에 대해 분석해 주었고, 우리의 생각을 발전시키는 데 기여해 주었다. 특히 마쓰다 요시아키, 마이클 이, 티드얀 바에게 감사드리며, 호주, 브라질, 캐나다, 중국, 독일, 헝가리, 인도, 이탈리아, 일본, 멕시코, 중동, 러시아, 스페인, 남아프리카, 영국, 미국 법인의 동료들에게 감사를 전한다. 제니 포러스트, 스티브 하킨, 댈러니 카니는 멋진 표지를 디자인해 주었다. 수전 엘리스는 가장 힘든 부분을 해결해 줌으로써 우리의 작업을 수월하게 해주었다. 앤드리아 필리는 집필진 외에 처음으로 이 책을 읽고, 논리를 뒷받침할 연구와 통찰력을 제공해 주었다. 아트 클라이너는 바쁜 일정 중에도 유용한 조언을 해주었다. 그레천 앤더슨은 출판사 베렛쾰러를 소개해 주었다.

2019년 12월 출판 팀을 만났을 때, 베렛쾰러가 우리 책에 필요한 완벽한 출판사라는 것을 알 수 있었다. 복잡한 출판 과정에서 모든 것을 잘 이끌어준 닐 메일릿, 마이클 크롤리, 밸러리 콜드웰, 북매터스의 데이비드 피티에게 감사를 전한다. 훌륭한 교열 담당자 에이미 스미스 벨은 우리가 전달하고자 하는 메시지를 정확히 파악했을 뿐만 아니라 더 잘 전달할 수 있도록 많은 도움을 주었다. 스티브 피어샌티는 출판사를 설립해 우리가 원하는 미래를 위한 지속 가능한 솔루션을 제시해 주는 훌륭한 책들을 준비해 주었기에 깊은 감사를 전한다.

내가 오랫동안 의지하며 의견을 구해온 분들도 있다. 매번 훌륭한 조언을 해준 분들이다. 나의 아이디어를 다듬고, 세상을 더 정확히 볼 수 있도록 도움을 주었다. 그레그 존스, 로이 르위키, 토니 오드리스콜, 리처드 올드필드, 앨런 슈워츠, 메건 오버베이, 자이비르 싱, 루크 항구오리이다. 하지만 누구보다 큰 역할을 해준 사람은 나의 아내 마사이다. 나의 생각들을 모두 귀담아 들어주었고, 좋은 점과 개선해야 할 점에 대해 조언을 아끼지 않았다. 부족한 나를 위해 30년간 인생의 동반자가 되어주었다. 아내 덕분에 필과 크리스 두 아들도 얻었고, 소중한 손주 로리, 엘러리, 레이턴도 얻었다. 내가 미래에 대해 희망을 포기하지 않는 에너지를 잃지 않을 수 있었던 것은, 나를 기다려주고 끈적한 손으로 주변을 더럽히면서 때로는 괴롭게 했던 손주들 덕분이다.

제1부 벼랑 끝의 인류

1   이 아이디어는 동료인 콤 켈리와 처음으로 공동 개발했다. Colm Kelly and Blair Sheppard, "Common Purpose: Realigning Business, Economies, and Society," *Strategy + Business*, May 25, 2017. https://www.strategy-business.com/author?author=Colm+Kelly. 켈리는 우리가 경제에 대해 재고하고, 사회적 이익을 경제적 성공과 더 잘 연결하도록 하는 데 초점을 맞춘다. Kelly and Sheppard, "Creating Common Purpose," PwC, 2018, https://www.pwc.com/gx/en/issues/assets/pdf/pwc-creating-common-purpose-2018-global-solutions.pdf(검색일: 2020.2.4).

제1장 암울한 현실

1   "Amit Chandra Becomes a Voice for Philanthropy," The Bridgespan Group, October 11, 2016, https://www.bridgespan.org/insights/library/remarkable-givers/profiles/amit-chandra-voice-for-philanthropy.

2   이에 대한 개요는 Blair Sheppard and Ceri-Ann Droog, "A Crisis of Legitimacy," *Strategy + Business*, June 5, 2019, https://www.strategy-business.com/article/A-crisis-of-legitimacy 참고.

3   UBS and PwC, *Billionaires Insights 2018*.

4   OECD. 2016.12. *The Squeezed Middle Class in OECD and Emerging Countries: Myth and Reality*, December 2016.

5   International Labour Organization. *Global Wage Report*(각 연도).

6   Alicia Hall, "Trends in Home Ownership in Australia: A Quick Guide," Parliament of Australia, June 28, 2017, https://www.aph.gov.au/About_Parliament/Parliamentary_Departments/Parliamentary_Library/pubs/rp/rp1617/Quick_Guides/TrendsHomeOwnership.

7   Elisa Shearer, "Social Media Outpaces Print Newspapers in the US as a News Source," Pew Research, December 10, 2018, https://www.pewresearch.org/fact-tank/2018/12/10/social-media-outpaces-print-newspapers-in-the-u-s-as-a-news-source/.

8   Oliver Milman, "Defiant Mark Zuckerberg Defends Facebook Policy to Allow False Ads,"

The Guardian, December 2, 2019, https://www.theguardian.com/technology/2019/dec/02/mark-zuckerberg-facebook-policy-fake-ads.

9 David Marquand, "The People Is Sublime: The Long History of Populism, from Robespierre to Trump," *The New Statesman*, July 24, 2017.

제2장 불균형: 빈부격차의 위기

1 Francis Fukuyama, The End of History and the Last Man(New York: Free Press, 1992).

2 "Hamilton Population," World Population Review, http://worldpopulationreview.com/world-cities/hamilton-population/(검색일: February 21, 2020).

3 예를 들면 해밀턴은 인텔리전트 커뮤니티 포럼에서 21개 스마트 도시 중 하나로 선정되었다. Rodney Barnes, "Hamilton among the ICF's Smart21 Communities of 2020," October 27, 2019, https://softwarehamilton.com/2019/10/27/hamilton-among-the-icfs-smarter-communities-of-2020/ 참고. 레드 햇(Red Hat)과 룰루(Lulu)의 창립자 밥 영(Bob Young)도 해밀턴 출신이다.

4 "A Brief History of Ontarian Wine," Niagara Vintage Wine Tours blog, https://www.niagaravintagewinetours.com/a-brief-history-of-ontarian-wine/(검색일: 2020.2.21).

5 "Property Prices in Berlin," Numbeo, https://www.numbeo.com/property-investment/in/Berlin(검색일: 2020.2.21).

6 "Moscow Real Estate Prices among World's Fastest-Growing," *Moscow Times*, April 12, 2019.

7 "Two-thirds of U.K. Students Will Never Pay Off Debt," *Financial Times*, July 4, 2016.

8 "America Can Fix Its Student Loan Crisis. Just Ask Australia," *New York Times*, July 9, 2016.

9 "Pension Participation of All Workers by Type of Plan, 1989-2016," Center for Retirement Research at Boston College, http://crr.bc.edu/wp-content/uploads/2015/10/Pension-coverage.pdf(검색일: 2020.2.21).

10 GOBankingRanks survey 2018, 2019.9.23, https://www.gobankingrates.com/retirement/planning/why-americans-will-retire-broke/.

11 "Russia Population 2020," *World Population Review*, http://worldpopulationreview.com/countries/russia-population/(검색일: 2020.2.21).

12 "China's AI Push Raises Fears over Widespread Job Cuts," *Financial Times*, August 30, 2018.

제3장 파괴적 변화: 기술의 위기

1 역사상 엄청난 파괴에 대한 유익하고 재밌는 토론은 Dan Carlin, *The End Is Always Near: Apocalyptic Moments from the Bronze Age Collapse to Nuclear Near Misses*(New York: HarperCollins, 2019) 참고.

2 한 가지 흥미로운 사례인 AI의 위험에 대한 앨런 머스크와 빌 게이츠 사이에 계속된 논쟁은 "Bill Gates: I Do Not Agree with Elon Musk about AI," CNBC, September 25, 2017, http://www.cnbc.com/2017/09/25/bill-gates-disagrees-with-e1on-musk-we-shouldnt-panic-about-a-i.html 참고.

3 몇몇 플랫폼 회사의 우위와 그 큰 결과에 대한 상당히 흥미로운 두 가지 논의는 Scott Galloway, *The Four: The Hidden DNA of Amazon, Apple, Facebook, and Google* (New York: Portfolio/

Penguin, 2017); Martin Moore and Damian Tambini, *Digital Dominance: The Power of Google Amazon, Facebook and Apple*(New York: Oxford University Press, 2018) 참고.

4   Robert H. Frank and Phil J. Cook, Winner Take All Society. *Why the Few at the Top Get So Much More Than the Rest of Us*(New York: Penguin Books, 1995) 참고.

5   이 아이디어에 대한 최근의 개요는 Philip Cooke, *Knowledge Economies: Clusters, Leaning and Cooperative Advantage*(London: Routledge, 2002) 참고.

6   "States of Growth: Gujarat, Madhya Pradesh, Haryana, Fastest-Growing Punjab, Uttar Pradesh, Kerala Bring Up the Rear," CRISIL, January 2018, https://www.crisil.com/content/dam/crisil/our-analysis/reports/Research/documents/2017/CRISIL-Research-Insight-States-of-growth.pdf.

7   Richard Edelman, quoted in "Upskilling: Bridging the Digital Divide," PwC, December 1, 2019, http://www.youtube.com/watch?v=8HE43CFLiag&feature=youtu.be&list=PLnF8iaZwgjXnfrw-iTrzax7v0upMisodt.

8   C. Frey and M. Osborne, "The Future of Employment: How Susceptible Are Jobs to Computerisation," Oxford Martin School, University of Oxford, 2013.

9   "How Will Automation Impact Jobs?," PwC, https://www.pwc.co.uk/services/economics-policy/insights/the-impact-of-automation-on-jobs.html(검색일: 2020.2.20).

10 프레이의 책은 산업혁명의 중간 결과와 우리가 진입하고 있는 세계에 미칠 영향을 포괄적이고 설득력 있게 살펴본다. Carl Benedikt Frey, *The Technology Trap: Capital Labor, and Power in the Age of Automation*(Princeton, NJ: Princeton University Press, 2019).

11 D. Zissis and D. Lekkas, "Addressing Cloud Computing Security Issues," *Future Generation Computing Systems* 28, No.3(March 2012): 583-592.

12 "Big Brother Is Watching: How China Is Compiling Computer Ratings on ALL Its Citizens," South China Morning Post, November 24, 2015, https://www.scmp.com/news/china/policies-politics/article/1882533/big-brother-watching-how-*china-compiling-computer*.

13 사람들이 좋은 것보다 나쁜 것에 더 사로잡히는 이유에 대한 유익하고 일반적인 토론을 위해 Roy F. Baumeister, Ellen Bratslavsky, Catrin Finkenauer, et al., "Bad Is Stronger Than Good," Sage Journals, December 1, 2001, https://journals.sagepub.com/doi/abs/10.1037/1089-2680.5.4.323 참고.

14 Mike Allen, "Sean Parker Unloads on Facebook," *Axios, November 9, 2017, https://www.axios.com/sean-parker-unloads-on-facebook-god-only-knows-what-its-doing-to-our-childrens-brains-1513306792-f855e7b4-4e99-4d60-8d51-2775559c2671.html*.

15 Adam Gazzaley and Larry Rosen, *The Distracted Mind: Ancient Brains in a High-Tech World*(Cambridge, MA: MIT Press, 2016), 115.

16 Gazzaley and Rosen, *Distracted Mind*, 116.

17 "About Max Tegmark," Future of Life Institute, https://futureoflife.org/author/max/(검색일: 2020.2.20).

제4장 신뢰: 제도적 정당성의 위기

1   Samuel P. Huntington, *The Clash of Civilizations and the Remaking of the World Order* (New York: Simon & Schuster, 1996).

2   "Fourth Estate," https://en.wikipedia.org/wiki/Fourth Estate(검색일: 2020.2.20).

3   Pew Research, "Trusting the News Media in the Trump Era," 2018년 11월 27과 12월 10일 사이, 2019년 2월 19일과 3월 2일 사이에 실시한 설문조사. https://www.journalism.org/

2019/12/12/highly-engaged-partisans-have-starkly-different-views-of-the-news-media/.

4   "Media Companies Dominate Most Divisive Brands List, and It Keeps Getting Worse," *Morning Consult*, October 1, 2019, https://morningconsult.com/2019/10/01/polarizing-brands-2019/.

5   Amy Mitchell, Jeffrey Gottfried, Jocelyn Kiley, and Katerina Eva Matsa, "Political Polarization and Media Habits," Pew Research Center, October 21, 2014, https://www.journalism.org/2014/10/21/political-polarization-media-habits/.

6   Justin McCurry, "Trade Wars, Tweets, and Western Liberalism: G20 Summit Wraps Up in Osaka," *Guardian*, June 29, 2019, https://www.theguardian.com/world/2019/jun/29/g20-summit-osaka-japan-trade-wars-liberalism.

7   John Gerald Ruggie, *Multilateralism Matters: The Theory and Praxis of Institutional Form* (New York: Columbia University Press, 1993).

8   Chichun Fang, "Growing Wealth Gaps in Education," Institute for Social Research, University of Michigan, June 20, 2018, https://www.src.isr.umich.edu/blog/growing-wealth-gaps-in-education/; and D. D. Guttenplan, "Measuring the Wealth Effect in Education," *New York Times*, December 2, 2013, https://www.nytimes.com/2013/12/02/world/europe/measuring-the-wealth-effect-in-education.html.

9   *Revenue Stats 2019: Tax Revenue Trends in the OECD*, OECD, https://www.oecd.org/tax/tax-policy/revenue-statistics-highlights-brochure.pdf(검색일: 2020.2.20).

제5장 양극화: 리더십의 위기

1   "Species and Climate Change," IUCN, https://www.iucn.org/theme/species/our-work/species-and-climate-change(검색일: 2020.2.21); "Climate Change," Great Barrier Reef Foundation, https://www.barrierreef.org/the-reef/the-threats/climate-change(검색일: 2020.2. 20); Scott A. Kulp and Benjamin H. Strauss, "New Elevation Data Triple Estimates of Global Vulnerability to Sea-Level Rise and Coastal Flooding," *Nature Communications*, 2019, https://doi.org/10.1038/s41467-019-12808-z; and Ellen Gray and Jessica Merzdorf, "Earth's Freshwater Future: Extremes of Flood and Drought," NASA, June 13, 2019, https://www.nasa.gov/feature/goddard/2019/earth-s-freshwater-future-extremes-of-flood-and-drought.

2   Ellen Gray, "Unexpected Future Boost of Methane Possible from Arctic Permafrost," NASA, August 20, 2018, https://climate.nasa.gov/news/2785/unexpected-future-boost-of-methane-possible-from-arctic-permafrost/.

3   Erik C. Nisbet, Kathryn E. Cooper, and R. Kelly Garrett, "The Partisan Brain: How Dissonant Science Messages Lead Conservatives and Liberals to (Dis)Trust Science," *American Academy of Political and Social Science*, February 8, 2015.

4   Greg Lukianoff and Jonathan Haidt, "The Coddling of the American Mind," *The Atlantic* (September 2015), https://www.theatlantic.com/magazine/archive/2015/09/the-coddling-of-the-american-mind/399356/.

5   "Climate Action Tracker," https://climateactiontracker.org/countries/(검색일: 2020. 2.20).

6   William Forster Lloyd, "Two Lectures on the Checks to Population," 1833.

제6장 고령화: 4대 위기의 가속화

1   "Japan's Glut of Abandoned Homes: Hard To Sell but Bargains When Opportunity Knocks," *Japan Times*, December 26, 2017.
2   "Japan's Glut of Abandoned Homes."
3   *The World Factbook*, CIA, https://www.cia.gov/library/publications/resources/the-world-factbook/fields/343rank.html(검색일: 2020.2.20).
4   *The World Factbook 2020* (Washington, DC: Central Intelligence Agency, 2020), https://www.cia.gov/library/publications/resources/the-world-factbook/*index.html*/
5   "Future of India: The Winning Leap," PwC, https://www.pwc.com/sg/en/publications/assets/future-of-india-the-winning-leap.pdf(검색일: 2020.2.20).
6   Council on Foreign Relations, "The State of US Infrastructure," January 12, 2018.
7   OECD Health Statistics, 2018; PwC analysis.

제2부 위기의 극복

제7장 전략: 경제성장을 다시 생각한다

1   Colm Kelly and Blair Sheppard, "Common Purpose Realigning Business Economies and Societies," *Strategy + Business*, May 25, 2017, https://www.strategy-business.com/feature/Common-Purpose-Realigning-Business-Economies-and-Society?gko=d465f.
2   Kelly and Sheppard, "Common Purpose Realigning Business Economies and Societies."
3   "Tatev Revival," IDeA Foundation, https://www.idea.am/tatev-revival-project(검색일: 2020.2.20).
4   "Aurora Humanitarian Initiative," IDeA Foundation, https://www.idea.am/aurora (검색일: 2020.2.20).

제8장 전략: 성공을 재정의하다

1   PwC, "22nd Annual Global CEO Survey," 2019, https://www.pwc.com/gx/en/ceo-survey/2019/report/pwc-22nd-annual-global-ceo-survey.pdf(검색일: 2019.3.9).
2   T. Plate, Conversations with Lee Kuan Yew, *Citizen Singapore: How To Build a Nation* (Singapore: Marshall Cavendish, 2010), 46–47.
3   Stuart Anderson, "International Students Are Founding America's Great Startups," *Forbes*, Nov. 5, 2018; www.forbes.com/sites/stuartanderson/2018/11/05/international-students-are-founding-americas-great-startups/#754059e65568.

제9장 구조: 무너진 제도의 회복

1   제도에 대한 본격적인 토의와 논의에는 책이 필요하다. 관심 있는 분들은 Vivien Lowndes and Mark Roberts, *Why Institutions Matter: The New Institutionalism in Political Science* (London: Red Globe Press, 2013)로 시작하는 것도 좋다.
2   내가 최고의 권위자라고 생각하는 존 코터(John P. Kotter)의 *Leading Change* (Boston:

Harvard Business Press, 2013)는 조직의 변화 관리를 검토하는 출발점으로 가치가 있다.

3 "Prof. Dennis J. Snower, Ph.D." Global Solutions: World Policy Forum, https://www.
   global-solutions.international/cv-snower (검색일: 2020.2.20).

4 Dennis Snower, "G20 Summit Was More Successful Than You Think," *G20 Insights*, July
   11, 2017, https://www.g20-insights.org/2017/07/11/g20-summit-successful-think/.

5 이 과정에서 데니스를 처음으로 알게 되었다. 그는 나의 동료 콤 켈리와 내가 하는 작업에 대해
   들었고, 나는 글로벌 솔루션 정상회담의 초안과 설계, 지속적인 운영에 대해 의견을 구했다. 우
   리 작업의 핵심 아이디어는 Kelly and Sheppard, "Common Purpose: Realigning Business,
   Economies, and Society," *Strategy + Business*, May 25, 2017, https://www.strategy-
   business.com/feature/Common-Purpose-Realigning-Business-Economies-and-Society?g
   ko=d465f에서 얻었다.

6 "President Dennis J. Snower's Opening Address at the Global Solutions Initiative," June 5,
   2019, https://www.youtube.com/watch?v=c8sstzOUYtg.

7 C. Stewart Gillmor, *Fred Terman at Stanford: Building a Discipline, a University, and
   Silicon Valley* (Palo Alto, CA: Stanford University Press, 2004).

제10장 문화: 기술혁신에 대한 새로운 시각

1 Pew Research, "Automation in Everyday Life," survey conducted between May 1 and 15,
   2017, https://www.pewresearch.org/internet/2017/10/04/americans-attitudes-toward-a-
   future-in-which-robots-and-computers-can-do-many-human-jobs/.

2 Satya Nadella, Greg Shaw, and Jill Tracie Nichols, *Hit Refresh: The Quest To Rediscover
   Microsoft's Soul and Imagine a Better Future for Everyone* (San Francisco: HarperCollins,
   2017).

3 George Gilder, *Life after Google: The Fall of Big Data and the Rise of the Blockchain
   Economy* (Latham, MD: Regnery Gateway, 2018).

4 "What Is Responsible AI," PwC, https://www.pwc.com/gx/en/issues/data-and-analytics/
   artificial-intelligence/what-is-responsible-ai/responsible-ai-practical-guide.pdf(검색일:
   2020.2.20).

5 World Health Organization, *Depression and Other Common Mental Disorders: Global
   Health Estimates* (Geneva: WHO, 2017).

6 Alison Abbott, "Gaming Improves Multitasking Skills," *Nature*, September 4, 2013, https://
   www.nature.com/news/gaming-improves-multitasking-skills-1.13674.

제11장 방대한 규모와 속도

1 Intergovernmental Panel on Climate Change, https://www.ipcc.ch(검색일: 2020. 2.20).

2 Glenn Hubbard and William Duggan, "The Forgotten Lessons of the Marshall Plan,"
   Strategy + Business(Summer 2008), https://www.strategy-business.com/article/08203?gko=
   4209e.

3 Global Alliance for Mass Entrepreneurship, https://massentrepreneurship.org(검색일:
   2020.2.20).

4 Kenichi Ohmae, "The Rise of the Region State," *Foreign Affairs*, March 1, 1993, http://
   www.foreignaffairs.com/articles/1993-03-31/rise-region-state.

5 Smart Africa, https://smartafrica.org(검색일: 2020.2.20).

6   John M. Logsdon, "John F. Kennedy's Space Legacy and Its Lessons for Today," Issues in *Science and Technology* 27(3): 29-34.

7   "Twenty Things We Wouldn't Have without Space Travel"(인포그래픽), Jet Propulsion Laboratory California Institute of Technology, https://www.jpl.nasa.gov/infographics/infographic.view.php?id=11358(검색일: 2020.2.20).

8   Paul Hawken, *Drawdown: The Most Comprehensive Plan Ever Proposed to Reverse Global Warming*(New York: Penguin Books, 2017).

지은이 ●●●

블레어 셰파드 Blair H. Sheppard

2012년 6월 PwC 전략 및 리더십 사업부(Strategy and Leadership) 글로벌 리더를 맡았다. 그 전에는 듀크대학교 MBA(Duke University's Fuqua School of Business)에서 교수 겸 리더로 수년간 경험을 쌓았다. 교수로 재직하면서 그는 강의 및 연구와 더불어 최고경영자 과정 부학장, 선임부학장, 학장을 지냈다. 또한 교수 재직 중 그리고 그 이후에도 주요 경제신문에서 세계 최고의 맞춤형 최고경영자 과정으로 선정된 듀크 커퍼러트 에듀케이션(Duke Corporate Education)의 창립 CEO 및 회장을 역임했다. 2014년 개교한 듀크대학교 중국 캠퍼스인 듀크쿤산대학교 설립을 이끌었다. 그는 자랑스러운 남편이자 아버지, 할아버지이기도 하다.

저자 중 5명은 블레어 셰파드의 PwC 팀 소속이다. 모두 글로벌 전략 및 리더십 사업부 이사를 맡고 있다.

왼쪽부터 다리아 자루비나, 앨릭스 젱킨스, 토머스 미닛, 세리앤 드루그, 주재나 앤필드, 제프리 로스페더

수재나 앤필드 Susannah Anfield

1994년부터 PwC와 그 전신인 기업에서 근무했으며, 리더십 및 경력직 인재 개발에 다양한 경험이 있다. 영국 태비스톡 공인 정신역동 코칭 전문가이다. ICAEW 공인회계사이며, 버밍엄대학교에서 지리학 학사를 취득했다.

세리앤 드루그 Ceri-Ann Droog

2008년부터 PwC에서 근무했다. 영국 이사회 전략부, 딜 전략 자문 업무 등을 담당했다. PwC 입사 전에는 포드자동차(Ford Motor Company)에서 9년 동안 경영전략 매니저로서 일했다. 옥스퍼드공과대학교를 졸업하고 크랜필드대학교에서 MBA 과정을 수료했다.

앨릭스 젠킨스 Alex Jenkins

2013년부터 PwC의 전략, 리더십, 문화사업부에서 경력을 쌓았으며, 현재 팀의 최고보좌관(Chief of Staff)을 맡고 있다. 이전에는 듀크대학교 경영대학원에서 유럽 지역을 담당하기도 했다. 케임브리지대학교에서 영문학, 연극학, 교육학을 전공했다.

토머스 미닛 Thomas Minet

1984년부터 PwC과 그 전신인 기업에서 근무했다. 전략 및 시나리오 기획, 대형 고객사 관리, 사업 개발, 시장 분석, 경쟁사 분석 분야의 전문가이다.

다리아 자루비나 Daria Zarubina

2016년부터 PwC 중동·러시아 사무소에서 근무하고 있다. 이전에는 듀크대학교 경영대학원에서 중동·러시아 지역 담당자로 업무를 수행했다. 상트페테르부르크 항공우주계측국립대학교(SUAI)에서 공학 전공, 상트페테르부르크국립대학교에서 경영학 전공, 케임브리지대학교에서 MBA 과정을 수료했다.

제프리 로스페더 Jeffrey Rothfeder

≪뉴요커(New Yorker)≫, ≪뉴욕타임스(New York Times)≫, ≪비즈니스 위크(Business Week)≫, ≪스트래터지+비즈니스(Strategy + Business)≫ 등 다수 언론의 기업 및 기술 면에 기고해 왔다. 『드라이빙 혼다(Driving Honda)』(Portfolio), 『프라이버시 포 세일(Privacy for Sale)』(Simon & Schuster) 등 8권의 책을 출간한 저자이기도 하다.

옮긴이 ● ● ●

문홍기
고려대학교에서 경영학을 전공하고, 동 대학원에서 기술경영 석박사 과정을 수료했다. 현재 PwC컨설팅 파트너로 Operation & Strategy 및 Technology 본부장으로 근무하고 있다. 고객 비즈니스의 본질과 전략에 대한 이해, 다양한 산업의 컨설팅 경험을 기반으로 다수의 글로벌 기업에 경영자문을 수행하고 있다. 특히 전자/반도체·자동차·화학·제약 등 최근 주요 성장 산업의 Digital Transformation, Operation/IT 혁신(R&D, 생산, 품질, SCM, 구매, 영업, 물류, 서비스) 및 ESG(Environmental, Social and Governance) 영역에 집중하고 있다.

임기호
고려대학교에서 경영학을 전공했다. 현재 PwC컨설팅 파트너로 Finance, Risk & Control 본부 및 Emerging Technology Lab을 총괄하고 있다. 특히 원가관리나 자산관리 등 전통적인 경영관리 영역에서부터 Risk Management 및 성과관리까지 CFO Function의 다양한 주제나 이슈에 대해 경영자문을 수행하고 있으며, 성과 창출을 통한 재무 기능 고도화와 관련해 다양한 시도 및 지원을 하고 있다.

임상표
서울대학교, 방송통신대학교, 런던경영대학원(London Business School)에서 수학했다. 현재 PwC컨설팅 파트너로 Financial Service 본부 리더로 근무하고 있다. 국내 유수 기업의 프로세스 및 시스템 혁신 업무를 수행했으며, PwC 런던오피스 근무 경험을 바탕으로 PwC Global과 긴밀하게 협업하고 있다. 현재 국내외 금융기관의 전략부터 실행까지, Digital Transformation, Front & Back Office Transformation, Technology Transformation, Risk and Compliance 영역의 컨설팅 서비스를 제공하고 있다.

신호승
미국 매사추세츠주립대학교(University of Massachusetts)에서 경영학을 전공했다. 현재 PwC컨설팅 Operation & Strategy 본부 리더 그룹의 일원으로 활동하고 있다. 전자 및 석유화학 산업의 글로벌 기업 다수를 대상으로 Supply Chain 분야의 Operation/Digital Transformation 전략, PI/IT 시스템 혁신 업무를 수행하고 있다.

PwC컨설팅

PwC(PricewaterhouseCoopers)는 전 세계 158개국 20만 명의 인력으로 구성되어 경영컨설팅, 회계감사, 세무자문 서비스를 제공하는 글로벌 최대 전문 컨설팅 회사이며, 경영전략에서 실행까지 산업과 경영 전반의 전문 지식과 풍부한 경험을 바탕으로 고객가치 창출을 최우선으로 삼아 최상의 서비스를 제공하고 있다.

PwC컨설팅 코리아는 PricewaterhouseCoopers의 Network Firm으로서 이기학 대표를 비롯해 약 750명의 전문가들이 전자, 자동차, 제조, 금융, 서비스 등 다양한 산업에서 전략, 오퍼레이션(R&D, 생산, 품질, SCM ,구매, 영업, 물류), 재무 및 경영관리, 원가절감, ERP 및 IT 인프라 혁신, 빅데이터 분석, 사이버 보안 등 경영 및 디지털 혁신 전반에 대한 전문 컨설팅 서비스를 제공하고 있다.

한울아카데미 2291

암흑의 위기까지 10년

PwC가 제시하는 4대 글로벌 위기와 전략적 해법

지은이 | 블레어 셰파드·수재나 앤필드·세리앤 드루그·앨릭스 젱킨스·
    토머스 미닛·다리아 자루비나·제프리 로스페더
옮긴이 | 문홍기·임기호·임상표·신호승
펴낸이 | 김종수
펴낸곳 | 한울엠플러스(주)
편집책임 | 최진희

초판 1쇄 인쇄 | 2021년 3월 31일
초판 1쇄 발행 | 2021년 4월 13일

주소 | 10881 경기도 파주시 광인사길 153 한울시소빌딩 3층
전화 | 031-955-0655
팩스 | 031-955-0656
홈페이지 | www.hanulmplus.kr
등록번호 | 제406-2015-000143호

Printed in Korea
ISBN 978-89-460-7291-6 93330

* 책값은 겉표지에 표시되어 있습니다.